いのちをつなぐ

ファミリー・リビングウィル

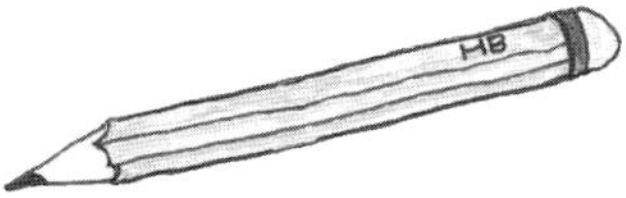

藤本 啓子

木星舎

はじめに・・死に逝く人を前にして……

今まさに死なんとする大切な人を前にして思うこと、それは、この目の前の人が何を望んでいるのだろうかと問うこと、できるだけ苦痛がないようにと祈ることです。看取りとは、生と死の「狭間」で、看取る人と看取られる人との死生観が交差する「とき」ではないでしょうか。

死生観とは「持つ」ものでも「つくる」ものでもなく、大切な人の死の体験を経て、おのずとできていくものではないでしょうか。私の場合、最初の体験は十七歳のときの父の死です。心筋梗塞でした。

夏休みに図書館にいた私は電話で近所の人に呼び出され、近くの医院に行くように言われました。医院に着くと、大きな父がベッドに横たわり、その父の身体に医師がまたがり、心肺蘇生をしていました。異様な光景でした。その朝、いつものように父と短い言葉を交わしましたが、何を話したかあまり覚えていません。思春期真っただ中であったので、たぶん、「おはよう」くらいだったと思います。

父の死で、死はふいにやってくるもの、死すべき人間にとって唯一普遍なことであると思い知り、生まれたら死ぬのは当たり前と強がってはみましたが、大黒柱を失った我が家の生活は一変しました。

父の死後、毎日裏山に登り、風の声を聞いていました。父は私たちに言葉を何も遺してゆきませんでしたので、何を言いたかったのか知りたかったからです。「千の風になって」が流行るよりずっと前から、風が死者のスピリット（霊）を表すことを知るずっと前から、私は死者（父）と語らいたかったのかもしれません。

生とは、誕生と死の「あいだ」の存在であり、終わりに向かって在るのだということは、大学で哲学を学ぶ中で知りました。ハイディガーの『存在と時間』の中の言葉です。

十九歳のとき、夫を失った母を気丈に支えた祖母が大腸がんで亡くなりました。夏休みにテニスの合宿中に呼び出され、母と広島に向かいました。夏休みになってすぐ、一度祖母を見舞いましたが、まだ、モルヒネに対する偏見が医療者の中にもあり、使いすぎると廃人になるといわれた時代でした。痛みに七転八倒する祖母を見かねた叔母が医師のもとに何度も駆け込み、大声で看護師と争う声を聞いていました。どうせ治らないなら、祖母がこの苦痛から解放されるなら、廃人になってもいいと私は心で何度も叫びました。

母もがんで亡くなりました。初めは乳がんと診断され、五年後に胆管がんで亡くなりました。五年生存率とは、がんと診断されてから五年後に生きている人の割合を示す言葉にすぎません。しかし、当時の私は、五年生存率を誤解し、五年間何もなければがんは完治するのだと信じていましたので、ひたすら何もないことを願って母と共に闘いました。

ところが、五年が過ぎたころ、急に母から電話がかかってきて「黄疸が出たみたい。ちょっと入院してくる」と言って、荷物をまとめ母は一人で病院に向かいました。しかし、それから半月足らずであっけなく逝ってしまったのです。

広島で被爆した母は、それまで一度もその体験を私たちに語ることはありませんでしたが、最期の病床で、原爆で生き埋めになったとき、天を見上げると一条の光が差し込み、その光を求めて這い出し助かったのだと語りました。「一条の光は御仏からのもの」と後にお寺の住職はおっしゃいましたが、その時の母は、「生かされたのだ」とぽつりと言っただけでした。

幼いころ、広島の千田町で育った私は、映画の『夕凪の街、桜の国』や、『黒い雨』の主人公を若いころの母と重ね合わせていました。母も被爆後、死の淵をさまよったそうです。そして被爆から十三年後、白血病に冒され、兄は祖母と叔母の家へ、私は伯母夫婦のもとに預けられました。

母の死後、十年間いた大学を去り、ホスピスのボランティアになりました。人のために何かしたいと言う私に、哲学は人を救うものではないよと指導教官はやさしく言ってくれました。そのときはよくわからなかったのですが、哲学とは、「なぜ」という問いに正解のない「こたえ」を自分で探求するもの、他者のためのものではないということだったのでしょう。

病死にしろ、自死にしろ、災害にしろ、事故にしろ、時に死はふいにやって来ます。大切な人を亡くした者にとって、死と向き合うことは口で言うほど容易なことではありません。いつものように「おはよう」「行ってきます」と言って別れた大切な人が、まだわずかに温もりを残している大切な人が、帰らぬ人になる。もう一度会いたい、声を聞きたいと涙することもたくさんありました。

リビングウィルを書こうと思ったのは、大切な人に自分の思いだけでなく、「いのち」を伝えたいと思ったからです。

もくじ

ファミリー・リビングウィルを書く

生、老、病、死と向き合うために

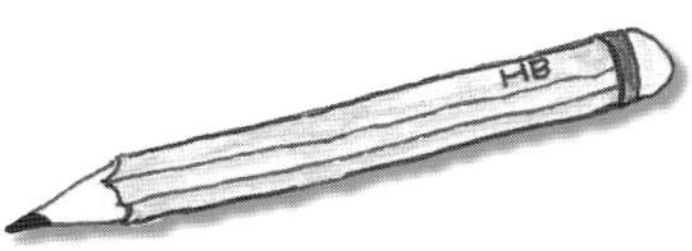

ファミリー・リビングウィル（事前指示書）とは何か・・いのちを伝える

生のものがたり

日々つつがなく健康な毎日を送ることは、私たちの共通した願いですが、しかし、ときに病いをわずらい、やがて老いゆき、いずれは死を迎えることも事実です。その日がいつ来るかは人それぞれ、明日かも、半年後かも、十年後かもしれませんし、もっと先かもしれません。

その日がいつかは誰にもわかりませんが、それがいつにせよ、心構えも準備も何もなかったならば、病いや老いや死と、自分の望むあり方で向きあうことは難しくなることでしょう。そしてそのとき、もし自分が意識をなくしてしまい、判断したり、考えを人に伝えたりする力を失ってしまっていたら、周りの人には、自分が何を望んでいたのかわかりません。リビングウィルを書くのは、そのようなことがないように、事前に自分の思いを伝えておくためです。

リビングウィルは、私たちが「生きている間の意思」を伝えるもので、「延命治療をするか、しないか」だけに限ってはいません。本書『いのちをつなぐ　ファミリー・リビングウィル』は、「病い」「老い」「死」を自分のこととしてとらえ、向き合い、考えるために書かれています。ですから、私たちの目指す「ファミリー・リビングウィル」は、一、病いと向き合うために　二、老いと向き合うために　三、死と向き合うためにの三部から成り立っています。

また、ここでいう〈ファミリー〉とは、従来の血縁をベースにした家族という考えにとらわれてはいません。家族や友人、医療者や介護者など、あなたが生きていく上での〈つながり〉を意味します。大切なことは、そうした人たちと対話を積み重ねる中で、少しずつあなたの望みをかたちにしていくことです。

誕生と共に始まり、死と共に終わる私たちの生の「ものがたり」は、「病い」や「老い」や「死」と向き合う中でできあがっていきます。「病い」や「老い」や「死」に臨んで自分がどうしたいかは、そうした「ものがたり」の中に綴られた自分の生き方や価値観や死生観から生まれてくるものではないでしょうか。

そして、それらは、語り伝えられることによって遺された人たちの中に生き続けるように作られています。生物としての「死」はだれにでも訪れますが、〈ものがたり〉としての死は、自分のことを知る人がいなくなったときにはじめて訪れるのかもしれません。

ファミリー・リビングウィルが目指すところ・・なぜ、書くのか

リビングウィルを書く上で大切なことはなんでしょう。リビングウィルを書き進めるに先だって、大切な三つのことを必ず理解して

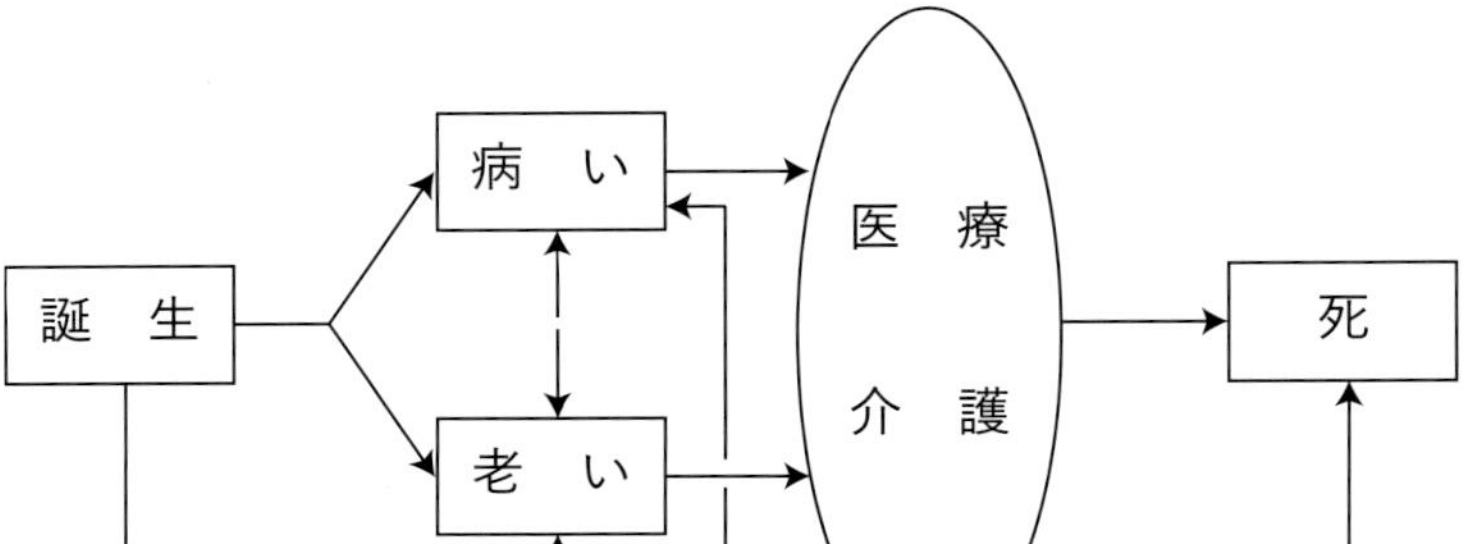

いただきたいと思います。

第一は、**よりよく生きるために書くものであるということです**。リビングウィルは、「死ぬこと」を考えるために書くものではありません。確かにリビングウィルを書くことで、私たちは自分の「死」と向き合うことになるかもしれません。しかし、大切なことは、死を前にして、自分のこれまでの生を振り返りながら、これからの生を「よりよく生きる」ことにあります。

第二は、リビングウィルは、**自分一人で書き、希望を一方的に伝えるためのものではないということです**。まず、自分の希望することや、思いを、時間をかけて確認していきましょう。そして、自分の思いを家族に伝え、理解してもらいましょう。

第三は、書いたもの（結果）ではなく、**書くプロセスが大切であるということです**。

なぜ、リビングウィルを書くのでしょうか

自分で決める

自分に意識や判断能力がなく、自分の意思や希望を家族や親しい人たち、医療者・介護者に伝えることができなくなったとき、自分の希望を伝えておくためです。

リビングウィルは、私たちが実際にどのような状況に直面するかまったくわからないときに、将来そうなるかもしれない状況を想定して自分の希望することについて考えていくわけですから、実際は予想外の状況となる場合もあるでしょう。

自分の希望が少なからず尊重され反映される場合もありますが、その希望が医学的に見て認められないと医療者が判断したときなどは、「リビングウィル」で示した自分の希望がそのまま反映されるとは限りません。ですから、自分の希望がすべて叶えられない場合もあるということを心にとめておかねばなりません。
また、だれでも、すぐに末期の状態になることはありません。意識がなくなり、回復が期待できず、やがて死に近づいていくとしても、それまで私たちはみな生きています。

家族を思いやる
自分の意思や希望がわからなくて、家族や親しい人たち、医療・介護者が悩んだり、苦しんだりしないための心遣いです。

自分自身をケアする
自分の生を振り返りながら、自分の意思や希望を確認していくことにつながります。

リビングウィルを書くためのノート

「リビングウィル」を作成するまでに何をすればよいでしょう。
まずは自分が「伝えておきたいこと」をじっくりと考え、実際に書いてみて、周りの人と話し合ってみます。そしてその後、書いた内容を読み返し、納得できたときに、「リビングウィル」を書きます。

しかし、「リビングウィル」は一度書いたらそれで終わりではありません。書いた後も必要があれば何度も読み返してみて、家族や医療者・介護者などと話し合うことが大切です。いざというときに困らないよう、リビングウィルの内容と保管場所を家族や介護者に伝え、必要があれば何度でも書き直すようにします。

まずは、「リビングウィルを書くためのノート」を用意し、どんな状況でどんな選択肢があるか考えながら、自分が「希望すること、希望しないこと」を確認し、書き出してみます。

次に、医療者や家族、親しい人との対話を通じて、自分の希望が伝わる言葉になっているか、書きそびれていることはないか確認します。そして最後に、それらをもとに自分の「リビングウィル（事前指示書）」を作成します。

このようにリビングウィルを書くためのノートは、さまざまな状態を想定して、自分ならどうしたいか、家族はどう思うか、自分の思いを家族にどう伝えるか、医療者や介護者にどう伝えるかなどを考えながら、いざというときの心の準備をするためのものです。

さらに、ノートに書いたことが、自分が実際に「リビングウィル」を書くときの下書きとなります。

死生観や価値観は人によってそれぞれ異なります。自分ならどのようなときに、どのような選択をするのか、なぜそう考えるのか、自由に書いてみましょう。

リビングウィルを書くことは、生老病死と向き合い、老い支度、死に支度をすることです。また、それらが看取りの助けになればよいと思っています。

まず、自分で考えてみましょう。

病いと向き合うために

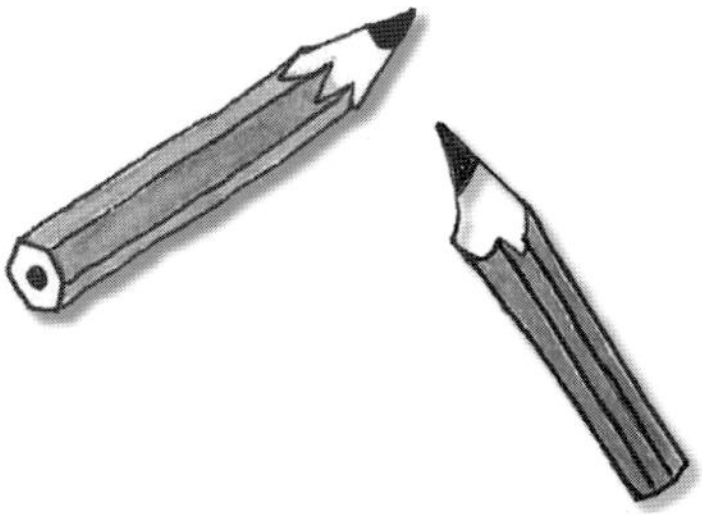

病いの体験から

松川　絵里

死に至る病いではないが、日常生活が困難になる病い

ときどき、「長生きしなくていいから、病気なんて怖くない」なんて言う人がいます。しかし、ここにはひとつ、大きな誤解があります。病気＝死ではありません。

病気が突きつけるのは、まず「どう生きるか？」という問題です。死には直結しない病気の場合はもちろん、死の直接的な原因となりうる場合でも、病気が見つかってから死に至るまでの期間（その長さは人によってまちまちでしょうが）が存在します。その期間を、病いを抱えながらどう過ごすか？　病気とともにどう生きるか？　これらの問いに、ほとんどの人がいつかは直面することになるでしょう。そしてその「いつか」は年老いてからやってくるとは限りません。自分の予想より、ずっと早くやってくるかもしれないのです。

私が「子宮内膜症」と診断を受けたのは二十六歳のときでした。本来は子宮の内側にあるべき子宮内膜によく似た細胞が、身体のあちこち（子宮筋層内や子宮の外側、卵巣、腸、肺など）にできて、炎症や臓器の癒着を引き起こしてしまう病気です。死の直接的な原因とはならないものの、しばしば、日常生活も困難になるほどの激しい痛みや貧血、不妊を伴います。病状は月経サイクルに合わせて毎月進行し、しかも、現在

のところ完治する方法は見つかっていません。

治療の選択肢と生活の質の確保

このような完治が難しい病気の場合、患者は、自分の生活習慣やライフプランと照らし合わせながら、症状を抑える治療を選択し、「生活の質」（ＱＯＬ）を高めてゆくことになります。子宮内膜症の場合、症状を抑える治療法は大きく分けて三種類。①ホルモン量を調整して病気の進行を食い止める薬物治療、②腫瘍や癒着を取り除く手術、③体質を改善することによってつらい症状を抑えようとする民間療法。どの治療にも、それぞれメリットとデメリットがあります。

例えば、薬物治療の場合、体に合えばリスクは少ないものの、人によっては寝込むほどの副作用に苦しむことがあります。また、治療しているあいだは妊娠できないので、妊娠を希望している人には向きません。手術は、腫瘍や癒着を完全に取り除く最も確実な方法ですが、実際にはすべての腫瘍や癒着を取り去ることは難しく、かえって癒着を誘発してしまうリスクもあります。また、手術前後は安静のため、数週間ほど仕事を休む必要があります。民間療法は比較的リスクの少ない方法かもしれませんが、どのくらい続ければどのくらいの効果が得られるか予測困難です。漢方薬やサプリメントは健康保険が利かないので、経済的に続けるのが難しいという問題もあります。

手術のために仕事を休むか、仕事を休まず地道な治療を続けるか。妊娠のために病気の進行を許すか、妊娠をいったん諦めて病気の進行を食い止めるか。元気になるために好きな食べ物を我慢するか、好きな物を好きなだけ食べて身体的苦痛に耐えるか、などなど。病気が突きつける問いは「あれか、これか」。残念ながら、元気なときのように「あれも、これも」とはいきません。

もちろん、年齢や病状によって選択肢はある程度絞られるでしょう。医師もお勧めの治療法を提案してくれます。でも、選択の判断基準となるライフプランや価値観について知っているのは、患者本人。その選択が「どう生きるか？」という問題と関係が深いものであればあるほど、人まかせにするわけにはいきません。しかしその一方で、重要な問題だからこそ、心身の弱った状態で判断を下すのは容易なことではありません。未来の自分のために、今の自分にできることはあるのでしょうか？

事前にやっておきたかったこと・・病歴と自覚症状を記録する

私が治療を進める中で、前もってやっておけばよかったと後悔したことが二つあります。

一つは、自分の病歴や自覚症状について一覧表を作っておくこと。痛みと薬の副作用で食事も睡眠もままならない状態で、幼いころの病歴を確認したり、いつどんな症状が出たか、おぼろげな記憶を頼りに書き出すのは、たった二十六年分でも本当に億劫な作業です。「月経痛はいつから始まったか？」、「痛みが転げ回るほど酷くなったのはいつか？」、「月経量が増えたのは？」、「月経で授業を休むようになったのは？」、「アレルギー症状が強くなったのは？」など、主な症状とその時期を思い出すだけでも丸三日かかりました。しかし、これらの情報は治療に欠かせないものです。実際、私の場合、アレルギーが悪化した時期と痛みが酷くなった時期が重なっていることから、アレルギー症状を抑える治療が有効であることがわかりました。また、「お腹の中で何かが引っ張られている感覚がある」と医師に伝えたことから、子宮と腸が癒着していることも判明しました。

身体の状態には検査でしかわからないこともありますが、患者本人にしかわからないこともたくさんあります。そして、患者が提供した身体情報によって、治療が大きく進展することもあります。病状を正確に把握し、適切な治療を選択するためには、ライフプランや価値観だけでなく身体の状態についても、医師にきちんと伝える必要があります。元気なうちに書き出しておくに越したことはありません。

家族と話し合っておくこと・・母の思いと私の願い

もう一つ、普段からやっておけばよかったと思うのは、日々の暮らしや人生の中で何かを選択するときに何を重視するか、どんな事態を避けたいか、家族と話し合っておくことです。と言うのも、私が病気になって最も悩まされたのが、家族とのコミュニケーションだったからです。

治療中、何度も薬の副作用に悩まされた私は、次第に治療に対して慎重な態度をとるようになりました。「リスクのある治療を受けるより、病気による苦しみを受け入れたい」と考えるようになったのです。もちろん、治療をしなければ、病状は悪化します。しかし、薬の副作用には、身体的苦痛だけではなく、「自分の行為が自分を苦しめている」という精神的なつらさがありました。ちょっと運が悪くて病気になってしまったのは仕方ない。でも、自分で自分を傷つけて取り返しのつかないことになってしまったら、悔やんでも悔やみきれません。「多少病気が進行してしまってもかまわない。心身の負担が限りなく少ない方法が見つかるまで治療を休止したい」というのが私の希望でした。

しかし、母は、毎日ベッドの中で痛みに耐える私の様子に、「かわいそう。自分だったら絶対イヤだ。一刻も早く痛みをなくすために、どんな治療でも試してみるべきでは」と何度も繰り返しました。実際に、婦人病に効くという手術や民間療法について調べてきては、試すよう勧めることも。もちろん、私のことを思ってのことです。しかし、母の善意とは裏腹に、しだいに私は「また副作用に苦しめられるのでは」という恐怖、病気になってしまったという罪悪感、治療へのプレッシャーで強いストレスを感じるようになっていきました。そして、ストレスによって痛みや副作用をより強く感じるという悪循環に陥ってしまったのです。

このような母との齟齬に対して、当初、私は「お母さんは治療の苦しみを味わったことがないからわからないんだ」と苛立っていました。母は母で「この子は、病気のせいで気が弱って、判断力を失っているんだ」と思ったようです。しかし、今では、病気のせいという以上に、もともともっている価値観の相違が強く反映していたのではないかと考えています。

そのことに気づいたのは、病状がだいぶ安定して、ふたりで買い物に出かけたときのことでした。もともと私は、後で「失敗した」と後悔しないように、じっくり悩みたいタイプ。何事に対してもデメリットやリスクを十分検討して、納得してからでないと行動に移せません。買い物も、何度もお店に通って、機能やデザイン、使った人の感想などを比較し、どこに収納するかまでシミュレーションした上で、ようやく購入に至ることが多いです。そして、少しでも迷ったらやめる。当然、後で「あれ買っておけばよかったなあ」と思うこともありますが、「また似たようなものを見かけたら、そのとき買えばいいや」とあまり気になりません。一方、母は、「迷ってる時間がもったいない」が口癖で、迷う暇があったらとにかくトライしてみよう、というタイプ。チャンスを逃したくないという思いが強く、買い物でも迷ったら買う方針です。「買っておけばよかった」と後悔することは嫌がりますが、失敗しても「次から気をつけよう」とあまり気にならないようです。

このように、同じ状況、同じ立場でも、感じ方や考え方は人それぞれ。親子であっても全く違います。もし私たちがこの違いをもっと早く自覚していれば、意見の不一致を病気のせいにせずに、もっと冷静に相手の言葉に耳を傾けられたはずです。母は、私が治療に消極的なことを、病気による一時的なものとはみなさなかっただろうし、私は、母の意見や態度を「私とは違うけど、母らしいな」、「もし、いつか母が病気になってリスクの高い治療にトライしたいと言ったら、たとえそれが私には最善とは思えない方法でも協力しよう」と余裕をもって受け止めることができたでしょう。

大切なのは、生活をともにしてきた家族や仲のよい友達でも、感じ方や考え方が異なることがあると知っておくこと、相手と自分の間にある違いを受け入れ、相手の声を聴く態度を身につけておくことではないでしょうか。

病いに向き合うためのリビングウィル・・自分の体や心の声に耳を傾ける

以下のページでは、病気の種類に関わらず考えておくべき項目が挙げられています。とは言え、病気になったときのことは、実際に病気になってみないとわからないのも事実。どんな選択肢があるかは、病気の種類や病状によっても異なりますし、家系や生活習慣からそれを予測できたとしても、自分が発症したときには新たな治療法が選択肢として加わっているかもしれません。また、痛みや吐き気、だるさなどの身体的苦痛は、実際に体験してみないとわからないものです。予想以上につらい場合もあるだろうし、心配していたほどでもないこともあります。病いの体験を通じて人生観が変わることもあるでしょう。それらは、あなたが病いを通じて学んだこと。無碍《むげ》にせず、治療の選択に役立てるべきです。

一度決断したことでも、変更することをためらう必要はありません。時間を巻き戻すことはできませんが、未来は変えられます。それは、生きている者の特権であり、生きている証でもあるのですから。

こう考えると、リビングウィルを書くことは、自分の未来を予め決定する行為である以上に、自分の体や心の声に耳を傾ける練習なのかもしれません。折にふれて身近な人とリビングウィルについて話し合うことは、相手の考え方を知るきっかけになるだけでなく、「私ってこんなふうに考えていたんだ」と自分について知るきっかけにもなるでしょう。それは、すでに病いとともに生きている人にとってはもちろん、まだ病いを体験したことのない人にとっても、病いになるのを待つまでもなく、生きるヒントをもたらしてくれるのではないでしょうか。

病いと向き合うために

日ごろから考えておきたいこと・・病歴、健康診断、緊急時の対応

病いと向き合うためには、日ごろから病気に対する心構えをしておくことが大切です。そのためには、自分の病歴を整理したり、定期的に健康診断を受けて、自分の弱点を知っておくことが必要です。検査結果や、診断結果に納得がいかない場合は、「どうせわからないから」とあきらめないで、納得するまで医師に訊いたり、だれかに相談したりして情報を得て、しっかり身体的な状態を把握しておきましょう。

自分の病歴や自覚症状を記録しておく

医療機関にかかるとき、病歴や病状は医師の紹介状などがあればわかりますが、病歴を記録しておくのは、医療者に自分の病歴を伝えるためというより、自分で自分の病気について整理し、自分の持病などを確認しておくためです。そして、医師から受けた病状説明やそれに関する自分の理解や問題点を記録してゆき、それらをインフォームド・コンセントの場面や、リビングウィルを作成するときに役立てましょう。

かかりつけ医を見つける

持病などでかかる医療機関の主治医と合わせて、自分のことをよく知ってくれているかかりつけの医師を

見つけておきましょう。

「かかりつけ医」とは「家庭医」ともいい、ふだんから風邪や腹痛など軽度の不具合でかかったり、病気や健康のことなどなんでも相談ができたりする身近な医師（主に開業医）を指します。緊急のときや、専門的な医療が必要になったときは、適切な専門機関に紹介してもらえるので、かかりつけ医が特にいないという人は、今からでも意識して見つけておき、あらかじめ「リビングウィル」のことを伝えておいたり、コピーを渡すなどしておくとよいでしょう。

主治医、周囲の人に意思を伝える

それに対して主治医とは、病気に応じて専門的な治療に責任をもつ医師のことをいいます。緊急時に、確実に連絡がとれる連絡先を書くこと、また、「リビングウィル」についても、自分の意思がきちんと伝わるように、病気のたびに、家族や親しい人と話し合っておくことなど、自分の思いが伝わるよう工夫しておきましょう。

ファイリング

健康診断や検査結果はファイルを作って整理しておき、自分の健康や持病について知っておくことが重要です。深刻な病気にかかったときは、その病気を知るきっかけとなった検査結果について、検査所見などもあわせて整理しておきましょう。何らかの自覚症状があらわれて検査を受けたときもあれば、自覚症状がなくても胃がん検査、乳がん・子宮がん検査、職場や地域の定期検診や人間ドックなどでわかった病気などもあるでしょう。また、緊急に手術をする必要はないけれど、手術をするとすればリスクの高いものとなる場合、自分だったらどうしたいか、といったことも考えておくとよいです。

わからないことを放置しない

検査結果でよくわからないときや納得のいかないときは、かかりつけ医に相談したり、セカンド・オピニオン（二七ページ参照）など他の人の意見もきいておきましょう。わからないままに放置していたり、自分勝手に判断してしまうと、手遅れになることもあります。特に、結果がおもわしくないときは、検査結果を甘くみたり、逆に重くみたりしてしまうことがあります。

緊急時の対応

救急車で病院に搬送されたとき、急な事態に対応できるように準備をしておくとよいでしょう。休日や深夜など、かかりつけ医に連絡がとれないこともありますので、日ごろの健康状態が救急医にわかるように、必要なものは整えておきましょう。例えば、保険証、日ごろかかっている病院の診察券、緊急連絡先を書いたメモ（名刺大）、可能なら病歴やかかりつけ医などのメモ、おくすり手帳、その他の情報（血圧やアレルギーの有無など）です。

医療を受けるまでのプロセス

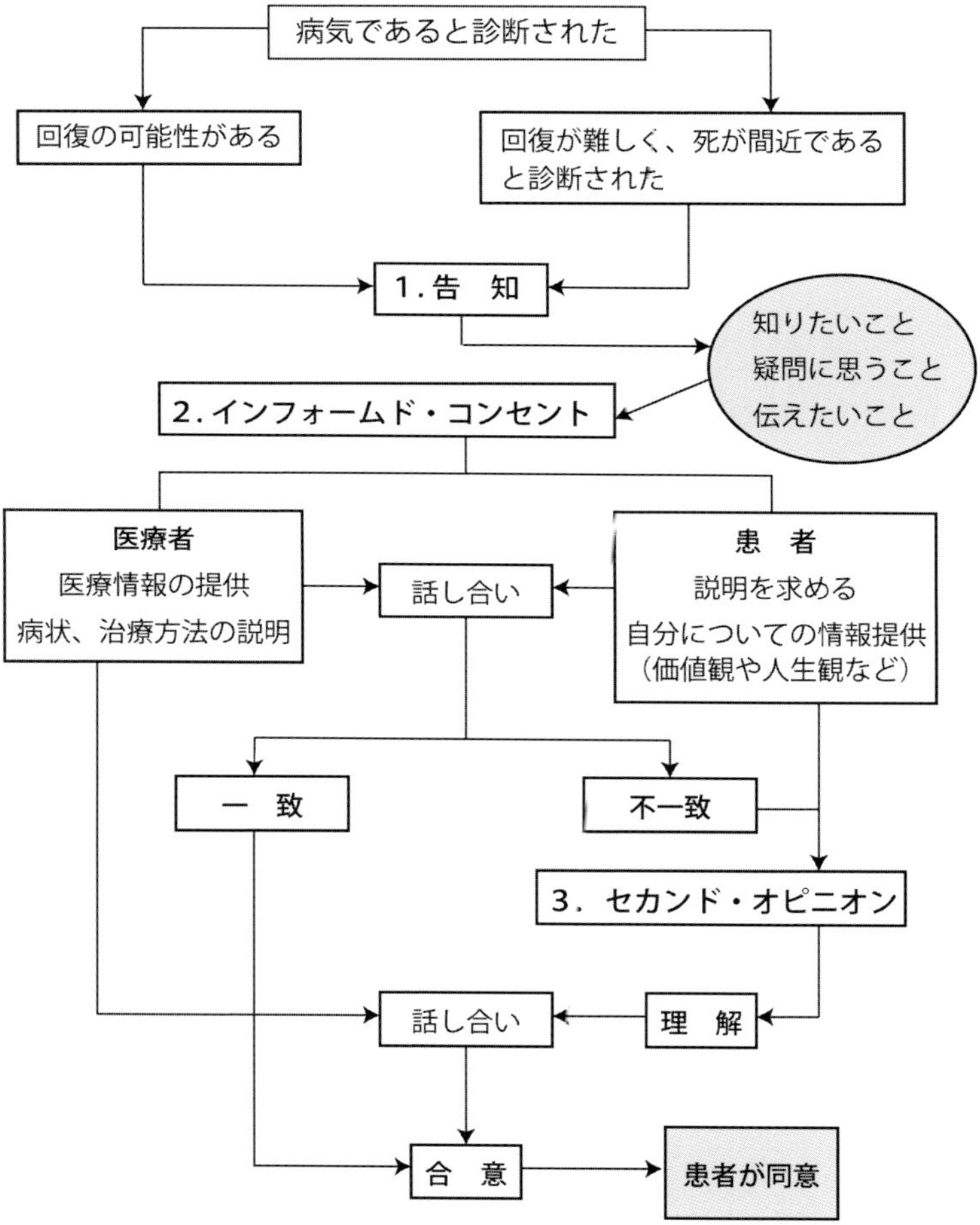

告知

通常、病名の告知は本人にされますが、患者が高齢であったり、がんなどで末期と診断されたときは、本人に告知するかどうかの確認も含め、家族に告知されることがあります。患者は、自分の病気について知る権利がありますが、知らない権利もあります。

健康上に問題が起きたときで、治療をすれば回復の可能性が高い場合と、治療をしても回復の可能性が低い場合の二通りを考え、自分の知りたいこと、知りたくないことを確認していきます。

また、自分の病気のことを他の人に知らせたくない場合もあるので、だれに知らせて欲しいか、だれに知らせて欲しくないかについても少し整理をして、知らせて欲しくない場合は、そのことを主治医や家族に伝えておくとよいです。

インフォームド・コンセント

自分の病気はだれのことでもなく、自分自身のことです。医療者や家族に遠慮しないで、自分自身が十分納得した上で、治療方針を決めることが何よりも大切です。インフォームド・コンセントは、「説明を与えられた上での同意」と訳されます。自分が患者になったときは、しっかりと医師の説明を聞き、納得した上で治療方針を選びましょう。

インフォームド・コンセントは、まず医師が、患者の病気（病名・病状）と治療方法の候補を適切かつ十分に患者に「説明」して情報を提供します。医療者が患者に提供する情報は、病状や治療方法以外に、治療の目標や効果、治療に伴うリスク、副作用、合併症、後遺症、治療が及ぼす影響、費用、セカンド・オピニオンについての説明なども含まれます。

患者はそれらをすべて聞いて、十分理解した上で、納得できたら治療方針に同意します。医師から十分な説明がないときや、医者の説明や言葉の意味がわからないときは、遠慮なくその場で聞き返すことができます。医療者に比べ患者である私たちに医学的知識が不足しているのはあたりまえです。大切なことは、自分の病気や治療方法について理解できているかどうか、納得しているかどうかということです。理解できていなかったり、納得していないのに、同意することは避けたいものです。

あまりたくさん質問すると主治医が怒ったり、気分を害したりするのではないかと心配する必要はありません。自分の病気を知ること、自分の望む医療を受けることは、患者の権利です。ですから、わからないからと諦めないで、自分が理解し、納得するまで医療者に質問をしてください。また、迷いが生じているときは、話し合いを続けましょう。ただし、主治医は自分一人のものではなく、時間にも限りがあります。主治医に質問するときは、自分の病気について訊きたいことを予め整理してメモしておくなど、こちら（患者）側の配慮も必要です。

インフォームド・コンセントは、医療を受ける患者と、医療を担う医療者とが、患者の病気に関して情報を共有し、お互いの合意に基づいて治療方針を選択していく過程で成り立つものです。

そうした情報は、医療者から説明される病状や、これからどのような治療を行うかという医学的情報だけではありません。患者自身も積極的に自分の情報（病気にかかって気づいたことや考えたこと、不安なこと、つらいこと、治療に関する希望や人生観や価値観など）を医療者に伝えていくことが大切です。

治療方法が検討される中で、主治医が勧める治療方法が自分の希望する方法と異なる場合は、黙って従ったり、ただ反対するだけでなく、どのような点で食い違うのか、少し自分で整理してみましょう。それでも主治医が勧める治療方法が自分の希望するものでなかったら、そのことをはっきりと主治医に伝えましょう。場合によってはセカンド・オピニオンを得ることもできます。

また、病気と闘うためには、医療者だけでなく、家族や親しい人の協力が必要となります。病気が深刻な場合はなおさらです。何よりも本人の意思が尊重されますが、家族や親しい人の思いも大切です。家族やあなたをとりまく親しい人たちとも十分なコミュニケーションがとれるようにしておきましょう。もし、意見の不一致があったときは、どのような点で一致しないのか、一致しないのはなぜか、しっかり話し合い、理解し合える関係を築いていくことが大切です。決して遠慮する必要はありません。

インフォームド・コンセントのときに、家族や医療者から見えない圧力を感じたり、場所やタイミングなどに配慮（例えば、自分の病気のことが外に漏れるような場所で説明されるなど）がないと、きちんと医師の説明を聴けなかったり、動揺して自分の思うことが伝えられなかったり、自分が決めたことが自分の希望することではなかったりすることもあります。思い返してみて、少しでも自分の思いとズレていたら、遠慮しないで主治医に伝え、もう一度話し合いの時間をとってもらいましょう。そのためには、医療者とは日ごろから十分なコミュニケーションがとれるようにしておくとよいです。

セカンド・オピニオン

もし主治医の説明を聞いて迷ったり、より詳しい情報を得たいと思うときは、セカンド・オピニオンを受けることができます。

セカンド・オピニオンとは、患者が自分の主治医以外の医師（セカンド・ドクター）に診断や治療方法について意見を求めるものです。これは、インフォームド・コンセントの考えが浸透するなかで生まれました。セカンド・オピニオンのシステムは制度としては確立していますので、正式にセカンド・オピニオン外来（予約制）を行う病院が増えています。セカンド・オピニオンを受ける場合は、①主治医の紹介状、②ＣＴやＭＲＩ等の病状がわかる画像、③血液検査や病理検査などのデータを事前に主治医にもらっておくことが必要です。セカンド・ドクターは自分で探さなければなりません。わからない場合は、自分のかかっている病院の患者相談窓口や地域連携室などに相談してみましょう。

日本の医療保険制度では、セカンド・オピニオンは、「診療」ではなく「相談」となりますので保険がきかず、全額自己負担となります。費用は医療機関によっても異なりますが、およそ二万～五万円くらいかかりますので事前に問い合わせておきましょう。

医療以外のケア（介護、サポートなど）を受けるときに確認しておくこと

今の自分の生活環境を自分で確認し、整理していくために確認しておくことがいくつかあります。ひとり暮らしか、家族と同居しているか、施設で生活しているか、もし今、なんらかの介護を受けている場合は、だれから、どの程度、どのようなサポートを受けているかなどです。今、自分が置かれている環境によってサポートの内容や必要なことも違ってきます。

さらに、自分の体で気になることや、こころの問題で気になることがないか、自分で考えてみます。今まであまり意識していなかったことも、確認していくうちに気づくことが何かあるかもしれません。

もしあれば、それに対して周りにいる家族や介護をお願いしている人たちに、どのようなことをして欲しいか考えましょう。希望するケアやサポートについては、日常生活を送る上で希望すること、身体面やこころの問題で希望することなどです。実際に自分が希望するケアやサポートを受けているかどうか、あるいは、もし、ケアやサポートが必要となったとき、それらを受けることが実際にできるかどうか、そのためにどのような準備が必要か、だれにサポートして欲しいか、なども考えておきます。

自分が希望するサポートに関して、サポートしてくれる人（家族など）との間で考えが一致しているかどうか確認していきます。一致していないなら、どのような点で一致していないのか、どのような条件が整ったら不一致が解消できるかも考えてみます。例えば、施設で介護を受けたいと思っていても、家族は自分たちで介護をしたいと思っているかもしれません。その逆で、自宅で介護を受けたいと思っていても、家族に仕事があり日中不在などの条件でできないこともあります。また、ひとり暮らしをしている人で、自宅で介護を受けたいと思っていても、家族が遠方に住んでいて難しいという場合もあるでしょう。

どうすれば自分の望む介護が得られるのか、家族や親しい人と話し合い、家族の都合や希望も聞いておくことが大切です。なぜなら、あなたの介護は、あなただけの問題ではなく、あなたをとりまく家族やあなたを支えてくれる人たちみんなの問題となるからです。

公的な支援（介護保険制度など）は言うまでもなく、例えば、ペットを飼っている人はその面倒をみてくれる人が必要です。また、一人に役割が集中しないよう、家族で役割分担について話し合っておくことも必要です。場合によっては、家族以外の人（地域の人、友人など）からサポートを得ることもあるでしょう。あなたを支援することによって支援者が生き甲斐をもったり、あなたの介護に関わることで、あなたを含め周りの人同士の関係が良好になることさえあります。

その反面、介護者に負担がかかり過ぎると、怒りなど複雑な感情が芽生えることも多少は覚悟しておいたほうがよいでしょう。そうならないためには、何ができて何ができないか、周りの人と話し合っておきましょう。遠慮する必要はありませんが、無理な頼みごとやわがままは控えましょう。思いやりの心をもって、お互いほどほどに「まあ、こんなもの」と思えることが大切かもしれません。日ごろから、お互いの感情を出し合える関係を築いておきたいものです。

最後に、介護を受けるようになった場合、どのようなことがつらいか考えて、そのことを家族や親しい人に伝えて、できれば理解してもらいましょう。

自分が病気にかかって気づいたことや、考えたこと、病気への思いなど、例えば、「食事制限中でも絶対食べたい好きな物はなにか」とか、『痛み』と『動けない』のとではどちらがつらいか」、「あなたが後悔するのはどんなときか」（行動しなかったときか、失敗したときか）、といった暮らしや人生観に関わることなども伝えておくとよいかもしれません。

その他にも、何か介護に関して気になること、例えば、介護認定はどうすれば受けられるか、自分以外のペットや植木の世話はしてもらえるのか、どこまで趣味が認められるか、自分のこだわりは尊重してもらえるのか、などがあれば家族や親しい人には言うまでもなく、ケアマネジャーやその他の介護を専門とする人たちに相談しておきましょう。

老いと向き合うために

語らない高齢者

ものがたり診療所　佐藤　伸彦

私はここ十五年ほど高齢者医療の現場にいます。そこで関わる人たちが、「自分がどうしたいのか」という意思をはっきりと医療者側に伝えてくることは非常に少ないと感じています。

「息子に訊いてみないとわからない」

「家族にだけは迷惑をかけたくない」

など、家族との関係性の中で、自分の抱えている病気や障碍《しょうがい》といった問題を考えていることが多いように思えます。また、認知症のために、当人はいたってまじめなのですが、傍目《はため》からは自分のことを決めることができないと判断されてしまい、家族と医療スタッフの間で今後のことが決められていくということもあります。さらには、意識障碍があり、自分の意思表示をできない寝たきりの人もいます。黙って一点を見つめている人に「本当はどうしたいのですか」と心の中で問いかけることも多々あります。

どのような最期を、どこで、だれと迎えたいのか、元気なときにはなかなか考えられないものだと思います。実際に、事前指示書的なものを持ってこられた人は今まで一人もいません。しかし、一人一人に人生という物語があり、なんとかその物語の最終章を書きあげたいと本人が、その家族が必死になっていることはとてもよくわかります。それを、私たち医療者は、傍らで親身になって援助してあげられているでしょうか。

忙しさという理由にかこつけて、こうした高齢者の終末期の医療は片隅に押しやっているのではないでしょうか。

医学（近代科学）は人を助けることを第一義に、普遍性・論理性・客観性をその基本原理として発展してきました。そのお陰で人類は多くの恩恵を受けてきました。二十年前には助からなかった命も、今では助けることができるようになりました。しかし一方で、私たちは、そんな基本原理に日々を照らし合わせて生きてはいないことも知っています。ちょっとぐらい辻棲が合わなくても、「そういうことってあるよね」、「ありがちだよね」と納得して生活を送っていることが多いのです。そして、この納得の感覚が実はとても大事であり、それを「物語的理解」と呼んでいます。

今の医療の世界で、一番欠けているのはこのような物語的理解なのです。

ちょっと相手の置かれた立場や心情に配慮できることが、医療やケアの質をとても高めることになります。人は必ず死を迎えます。人の死亡率一〇〇％を未だに下げることができませんが、現代はあまりにも死を医学というものに任せすぎにしてきました。そして、死後の対応もセレモニー産業の中で他人の手に委ねられることが多くなりました。

医療は社会的実践行為です。したがって、社会全体の中で考えていかなければなりません。医学だけでは支えきれない大きなものを含んでいるのです。死に逝く人やその家族が何を望み、その社会の中でどのように生き、最期の時をどのように迎えようとしているのかを、私たちは皆で考えていかねばなりません。

どこで、だれと、どのように死ぬのかを選べる時代にならなくてはなりません。九〇％近くの人が病院で亡くなる現代ですが、高齢者の末期の方に集合住宅に移っていただき、その人の人生を物語と考え、ゆっくりと最期を看取ってあげる場所、病院や施設ではない、単なる「家」を作ります。それが、「ナラティブホーム」です。

「ナラティブホーム」とは私のつくった造語であり、「物語の家」、「物語る家」という意味です。物語的理解を基本に、終末期にある高齢者を一人の人として考え、人生の最期をきちんと看取ってあげることのできる場所という思いで名付けました。

高齢者医療は高度な専門医療です。人の死を見据え、残り少ない人生を生ききることを援助する専門性の高い社会的行為です。その実践の場としてのナラティブホームを、砺波《となみ》という地域の中で、そこに住む人々と一緒に作り上げていきたいと思います。それは一つの文化を創造するといっても過言ではなく、これからの高齢社会の大きな動きとなることを信じています。

いつか、人生の最期をともに語りあうナラティブホームのような空間が、身近にあるような社会であることを願っています。

ものがたり診療所　〒939−1374　富山県砺波市山王町二番十二号
ナラティブホーム　ホームページ　http://www.narrative-home.jp

老いを考える・・私が「希望すること、希望しないこと」

ひとことに「老い」といっても、いつからが「老い」になるのでしょう。これまでの人生の区分は、第一期・子ども、第二期・大人、第三期・老人、と言われていましたが、今では、老人が前期高齢期、後期高齢期の二つに区分されるようになり、それに伴って、長い老後を自らデザインすることが必要になりました。とは言え、どこからが「老い」であるかは人それぞれとも言えます。また、若い人は「老いを前にして」といわれても、あまりにも漠然としすぎて想像できないかもしれません。

ここでは、ひとつの目処として、「老い」というものを感じはじめたころ、ぼつぼつ老い支度をしようと考えはじめたころと考えてみてはどうでしょうか。もちろん、老若男女は問いません。老いというものをどのように受け止めていくか、その中で「よく生きること」とはどのようなことかを考えてみましょう。

老後をどう過ごしたいか

これまでは、家族のため、自分のため、仕事のため、生活するために生きてきましたが、ここで少し人生を振り返って、どのような老後を過ごしたいか考えてみましょう。自分らしく生きたい、趣味を続けたい、これまでできなかったことをやってみたいなど、人それぞれでしょう。もし、どのような老後を過ごしたいかが見つかったら、さらに、そのためにどのような準備が必要か考えてみましょう。できることなら、そのために必要なことを少しずつ始めておいてはどうでしょうか。

また、老後をだれと過ごしたいかも考えてみましょう。もちろん、そのときの状況によって希望どおりになることもあれば、ならないこともあるでしょう。「老後は夫婦で」と思っていても伴侶に先立たれることもあるし、離婚することもあるでしょう。子どもや孫と過ごしたいと思っていても、子どもには子どもの思いがあったり、遠方に住んでいたりするとなかなか希望どおりにはいきません。しかし、もし可能なら家族にあなたの希望を伝えて話し合ってみることをお勧めします。

将来、ひとり暮らしとなるかもしれない人や、敢えてひとり暮らしをしたいと思っている人は、ひとり暮らしを続けるためにはどのようなことが必要か、例えば、孤立しないための方法、安否確認の方法などです。ひとり暮らしが難しくなったとき、どうしたいかについても考えておきましょう。

アメリカでは「寿命をどこまで延ばすことができるか」という老年医学が研究されています。もちろん、できるだけ長生きしたいと考えている人は、健康に気をつけて病気をしないなどが考えられるでしょう。確かに健康・長寿であることは「よいこと」ですが、そのことばかりにとらわれていると、大切なことを見落としてしまうことがあります。

大切なことは、人はみな必ず老いるということ、病むということ、他者のお世話になるということ、そして、死ぬということを念頭において、いかに「よく生きる」かを考えることです。

そして、「よく生きる」ためには、家族や親しい人たちをはじめ医療者や介護者たちと自分の老後について語り合い、自分の希望すること、しないことについて考え、それらをしっかり伝えていかなければなりません。私たちにとって「よく生きる」とはどのようなことか、そのためにはどうすればよいか、これから少しずつ考えていきましょう。

私のものがたりを綴る

老い支度のリビングウィル

老い支度のリビングウィルとして綴《つづ》っていくのは、「プロフィール」、「これまでに出逢った大切な人たちについて」、「これまでの人生で特に想い出に残っていること」、「最も生き生きとしていたころのこと」、「最も大切だと思っていること（価値観など）」、「死生観」、「看取りの場で希望すること」などです。

死生観とは、生から死へとおもむく間で培われてきた人それぞれの人生観です。ですから、どのような死に方をするかに重きが置かれているのではありません。いつか、必ず訪れる死と向き合って、自分がどのように生きていくか、つまり生と死が自分にとって同じ重みをもちます。その中で、病いと老いとは、誕生から死までの間にだれしもが引き受けざるを得ない人生の「できごと」かもしれません。それを引き受けることが「生きる」ということなのではないでしょうか。「生き方は死に方」と言われるゆえんです。

そして最期は、どのように看取られたいかも書いておきましょう。

私たちの希望が、周りにいる人にとっては認めがたいこともあるかもしれません。でも、私たちは自分の生死について希望することを遠慮なくリビングウィルに書いておくことはできます。周りにいる人の気持ちを思いやる心はもちたいですが、遠慮する必要はありません。

もし、「やり残したことや心残りなこと」があれば、できるときにやっておきましょう。死ぬまでにあなたが是非しておきたいことを書いてもよいでしょう。

実現するかどうかは別として、何がしたいかを考えてみるのもよいのではないでしょうか。例えば、もう一度、ふるさとを訪ねたい、映画「象の背中」（監督・井坂聡、二〇〇七年）のように、死ぬまでに会っておきたい人に会いにいく、途中まで読んだけれどついに読み終えることができなかった本を読んでおく、などです。

また、「気がかりなこと」があれば、解決しておきましょう。「身のまわりのものの整理」も少しずつはじめておくとよいかもしれません。人の目に触れさせたくないものは焼却しておくとよいかもしれません。死ぬまで「これだけは続けたい」と思っていることや、それ以外で思いついたことがあれば、「最後に伝えたいこと」として書いておきましょう。

ものがたりを綴る意味

人の思いは時とともに変わります。また人によっても異なります。例えば、ひとり暮らしの人、家族がいてもそれぞれが独立して遠方で暮らしている人、伴侶に先立たれた人、病気をして入退院を繰り返している人とさまざまです。私たちが綴る「ものがたり」は、ひとつには自分で自分の人生を振り返るため、もうひとつは、自分を理解してもらうためのものです。

いつ死んでも思い残すことがないよう、また、家族はいつ死なれても後悔することがないよう、私たちの「いのちのものがたり」を介して家族や親しい人と語り合い、いつ何があってもあわてないよう、共に準備をしていきましょう。

また、リビングウィルを書いていること、書いた日付、リビングウィルを保管している場所、署名、連絡先を記したカードを作成して、常に携帯しておいてはどうでしょうか。

認知症などの高齢者が胸から下げている、名刺より一回り大きい連絡カードに同封するような形にします。二つ折にして両面に下のような情報を記載しておきます。そして、リビングウィルのある場所がわかるように「ステッカー」を貼っておくとよいかもしれません。

介護が必要になったときのこと

私という人間を知ってください

介護を受けたり、老いたりしていくなかで、「嫌だ」と感じていることがあれば、何が嫌か、何が受け入れにくいかを考えて、しっかり伝えておきます。施設に入所する場合は、自分の希望がどこまで受け入れられるか、予め施設に確認しておきましょう。できれば見学もしておきましょう。

また、介護を受けるときは、自分がどういう人間なのかを理解してもらう必要があります。性質、癖やこだわり、趣味、嗜好などについてリビングウ

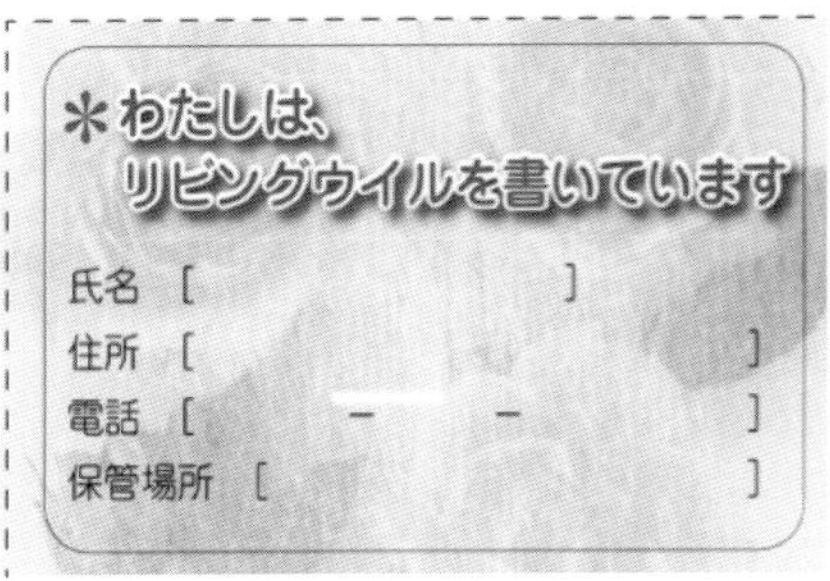
＊わたしは、
リビングウイルを書いています
氏名［　　　　］
住所［　　　　］
電話［　　－　　－　　］
保管場所［　　　　］

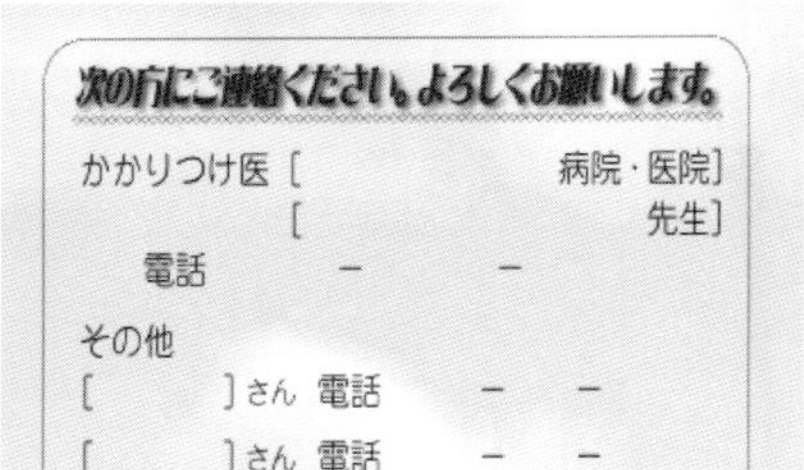
次の方にご連絡ください。よろしくお願いします。
かかりつけ医［　　　　病院・医院］
［　　　　先生］
電話　　－　　－
その他
［　　　　］さん　電話　　－　　－
［　　　　］さん　電話　　－　　－

リビングウィル・カード

ィルに書いておくと、介護をしてくれる人があなたのことを理解する手助けになります。自分を理解してもらうために、できるだけ詳しく書いておくといいかもしれません。例えば、今はこうだけど、幼いとき、あるいは若いときはこうだったというように。

だれでも元気で、健康な毎日を過ごしたいと思うでしょう。できれば一生、人の手を借りずに生きていきたいと思います。しかし、病気になったり、年をとったりして介護の手が必要になることはだれにも予測されます。

そのようなとき、どのような介護を受けたいか、どこで、だれに介護をしてもらいたいか、自分がどうしたいか、今一度、考えてみましょう。

どこで介護を受けたいか

多くの高齢者は住み慣れた自宅で最期を迎えたいと思っていますが、そうした希望がすべて叶えられるとは限りません。どのような場所で介護を受けたいか考える場合、自分にはどのような選択肢があるか知っておく必要があります。

介護を受ける場所としては、自宅以外に、グループホーム、特別養護老人ホーム、介護老人保健施設（老健）、介護付有料老人ホーム、サービス付高齢者住宅、また、利用者が住み慣れた地域で暮らせるように、在宅の高齢者を多角的に支援（デイサービス、訪問看護、訪問介護、短期宿泊ができるショートステイなど）する看護小規模多機能居宅介護サービスなどがあります。

医療を受ける必要のある人は、そこにどこまで医療体制（医師や看護師の常駐、訪問看護や往診、入院・

通院時の移送、胃ろうなどの経管栄養、酸素療法、緩和ケア等）が整っているか確認しておく必要があります。

それ以外にも、終末期の高齢者が自分の家ではないけれど、在宅に近い環境（第二の家）でケアを受けられるホームホスピス（四二ページ参照）や、ナラティブホーム（三二ページ参照）のような施設も少しずつ増えはじめています。

住まいの選択

ホームホスピス「神戸なごみの家」　松本　京子

元気に年齢を重ねてきた人にとっても、「介護が必要になったらどうなるのかしら？」という不安はあると思います。そして、「できることなら、子ども達に迷惑をかけたくない」そう思っている人は、多いのではないでしょうか。元気なときから自分が意思表示できなくなったときのことを考えるようにと言われても、なかなか実行につながらない方もたくさんおられます。特に住まいについては、このまま自宅で過ごせるか、どこか施設に入るか、と漠然と考えている人が多いように思います。

人は、間違いなく老いや病いで身体が思うように動かなくなる時は来ます。それは、いくつになればという予測ができるものではありません。平均寿命と健康寿命はそれぞれに個人差があります。

しかし、生物としての人間は老いる過程において、自然にその細胞数を減らし、また細胞自体も衰弱を免れず、徐々に死に近づいていくのです。そしてこの死へのプロセスは、誰もが通過する道でもあるのです。

その死へのプロセスを豊かに過ごし、尊厳のある最期を迎えるために、介護が必要になったとき、どこでどのような暮らしを望むのか、そして誰に看取ってほしいのか、日々あわただしい中でも立ち止まって考えてみることは大事なことではないでしょうか。

訪問看護で関わった八十歳代の大橋由美子さんは、「家で過ごしたい」とずっと希望しておられました。でも、最終的に自分で療養型への入院を決断されました。大橋さんは、これまで何を大事に生きてきたのか考える中で、常に家族のためになることを最優先に考えてきた自分に気づかれたのです。「最期も家族のために、これが自分の生き方」と言って療養型の病院へ入院されたのです。

その人らしくとは、長い人生の歩みの中で創り上げてきた人生への答えでもあるかもしれません。大橋さんの決断を前に、納得して入院する彼女を見送るしかなかった私ですが、一度、家族の中で話し合うことができていればと今でも思い出すことがあります。

あらためて家族と話をするのは照れ臭いと感じる人もあるかもしれません。そんな人は、自分が意思表示できなくなったときのために、ノートに書いて保管しておくのもいいでしょう。自分の準備をしておくことで、「気持ちが変わって延命治療を希望したくなったらどうするの」と訊かれた人がいました。ノートは毎年、機会あるごとに変わってもいいし、訂正はできるのです。

ホームホスピス「神戸なごみの家」は、がんや認知症などを患い、現代の医療では治癒困難になった方々に利用していただいています。これまで七十人の方の最期の貴重な時間をともに過ごさせていただきました。また、自宅で最期まで過ごしたいと望む方々の大切な時間に、訪問看護師として関わらせていただきました。その経験の中で言えることは、やっぱり「自分はこうしたい」と思うことについて話し合っておくことが大事だということです。

ノートに書いていなくても、ご家族は「母は元気なころからこうしたいと言っていました」とそれまでの会話の中で聞いてきた声を実現するために、どうしたらいいのか考えておられます。

大事な子ども達が苦しい選択を迫られ、悩み、死別後も悔いや辛い思いを残さず、自分達の人生を前を向いて歩いていけるように、健康な時から自分の意思を表明しておくことは大切です。

認知症になったとき、あなたはどうしたいですか

多くの人は、認知症があると何もわからない、決められないと考えがちですが、そうではありません。神戸なごみの家の利用時に必ず確認することは「ご本人はどのようにお考えですか」ということです。

認知症は、記憶を残していくことが苦手であるがゆえに、日常生活がいろいろと不自由になる状態です。豊かな感情はそのまま残っています。嫌な思いや悲しい出来事、環境の変化があると、症状を悪化させる要因になります。

常時、見守りや介護が必要になったとき、どこでどのように過ごすのか、住まいの選択は重要になってきます。認知症があっても意思表示はできるのです。むしろ、自分のことなのに蚊帳の外に置かれたのでは、本人の尊厳を損なうことになるのではないでしょうか。

訪問看護するお宅でも、神戸なごみの家でも認知症のある方は多いのですが、本人がわかるように訊ねると、自分なりに答える力があるように思います。

自分の生き方に合った住まいの選択

寿々子さんは、神戸なごみの家に来て二年余りになります。「家に帰る」、「お父さんはなぜ帰ってこない

の」、「どうして私のマンションに知らない人がいるの」と何か心にストレスがかかると叫んで抗議されます。それでも自分の意思をしっかりと持っています。

スタッフは必ず「寿々子さん、どうしましょう?」と声をかけて訊ねます。スタッフからの問いに必ず「そうしようかしら」、「やめとく」ときちんと返事をしてくれます。スタッフは、誘いに乗ってほしいときは興味を引くように声のかけ方を変えて問いかけています。意に沿うと、ニヤリと笑って誘いに乗ってこれる姿を見ていると、私たちは彼女に試されているのかと思うことがあります。

感情が豊かで、関わる人の感情をそのまま反映させた行動をとる姿に、自分自身が心を整えてケアに関わることが大事と学ばせていただいています。

介護が必要になったとき、住まいの選択はその後の人生を決めることにつながります。とりあえずではなく、自分の生き方に合った住まいを選択するためには、それぞれの住まいの特徴などについても見学して決定することが大事だと思います。高額の利用料を払ったがゆえに「今更、転居できない」では、自分の人生の終焉に悔いが残ります。

「地域包括ケアシステム」という言葉を耳にされることが多いと思います。地域包括ケアシステムの土台は、「本人と家族の選択と心構え」です。そしてその上に成り立つのが、「住まいと住まい方の選択」です。

元気なときに自分が暮らす地域にどんな選択肢があるのか関心をもっておきましょう。

認知症になったときのこと

私が認知症になったら

自分が認知症になったときのことを、あらかじめ考えておきましょう。

認知症の介護では、介護者も悩んだり、つらい思いをしたりすることを知っておく必要があります。しかし、だからといって、遠慮したり自分を卑下したりする必要は決してありません。お互いが理解し合い、共に生活していくことが大切です。認知症になると、自分で判断したり、自分の希望を伝えたりすることがだんだん厳しくなってきます。ですから、元気なときに家族としっかり話し合って、お互いの希望を伝え合い、「できること」と「できないこと」を確認しておきましょう。

また、「認知症」という病気に対する理解も必要です。

認知症の症状があらわれたときは、「病気である」ということを周りの人に理解してもらい、ありのままの自分を受け入れてもらえるように、あなたの思いを伝えておくことが大切です。

認知症になっても、以下のような手順で介護保険制度などの社会的な資源を使って支援を受けることができます。

認知症の症状があらわれたら、市町村の保健福祉課や介護保険担当課に問い合わせ、地域包括支援センターを紹介してもらうよう家族などに頼んでおきましょう。地域包括支援センターとは、介護保険に関する市町村の相談窓口で、介護福祉士やケアマネジャー、保健師が常駐して介護支援を行います。そこで認知症の心配がある場合は、病院（ものわすれ外来）を紹介してもらい、診断を受けます。認知症と診断されたら、要介護認定を受け、認定された介穫度によって介護サービスを受けることができます。

サービスを受けるようになったら、介護をしてくれる人に、あなたが自分のことについて書いたメモ（三七ページ参照）を渡して、あなたのことを理解してもらいましょう。

認知症になったときは、ご近所の理解や協力が必要になることもあります。日ごろから近所づきあいを大切にしておきましょう。また、認知症を支える地域の活動もありますので、地域包括支援センターや市区町村の社会福祉協議会、ボランティアセンターなどに問い合わせて情報を得ておくとよいかもしれません。介護期間が長くなることもありますので、家族だけが抱え込むのではなく、地域の活動を利用しましょう。

判断能力がなくなったとき、お願いしたいこと

認知症などで判断能力が衰えた人に代わって、財産管理や身の回りのこと、療養・介護・看護に関する契約などを行う人を立てる制度に「成年後見制度」があります。家族などが家庭裁判所に申し立てる制度で、本人の判断能力がなくなったときに開始する法定後見制度と、判断能力がなくなる前に本人が代理人を選んで契約しておく任意後見制度とがあります。家族や親戚がいる人と身内がだれもいない人とでは少し異なってきます。

この契約は、財産管理などのためのもので、治療方針の決定など、人の生死に関わる決定は入りません。周りに信頼できる人、相談できる人がいない場合は、自分で判断できるうちに後見人を立てて、委任契約を

結び、公正証書にしておくとよいでしょう。周りにだれか信頼できる人がいれば、その人にお願いしておきましょう。

身の回りのことで希望することがあれば、契約書に書いておくこともできます。例えば、日常生活に必要な物品の購入、家賃の支払い、水光熱費の支払い、ゴミ捨てなどです。

財産管理などは、成年後見制度を利用することが可能です。ただし、この制度には問題点もありますので、手続きをするときは専門家（弁護士、司法書士）に相談しましょう。財産目録（通帳、保険証書など）は保管場所を書面等に書いておくと、紛失したり盗難などの被害にあったりしたときに不用心ですから、家族や信頼できる人に伝えておきましょう。整理してリストを書面に書いておくのもひとつの方法ですが、その場合も、保管場所を家族や信頼できる人に伝えておくか、直接、渡しておくほうがよいでしょう。

死と向き合うために

いつかくる死のことを考えておきたい

浜渦　辰二

私たちは、自分で親や兄弟を選んで生まれてくることはできません。どの国にどんな環境に生まれてくるのか、裕福な家庭か貧困な家庭か、そもそも自分が男か女かすら、生まれる前に自分で選んだり、希望を言ったりすることはできません。私たちは、「生まれる」という受け身の形で誕生したのです。

同じように、私たちがやがて死ぬことになるときも、一番肝心なところで、私たちは自分で選ぶことができません。突然やって来る地震・津波などの災害、偶然の積み重ねとしか思えない飛行機・鉄道・自動車の事故、思いもよらなかった感染症・毒物汚染、どこでどう死ぬことになるかわからないのです。

国民の三分の一ががんで死んでいると統計上の数字を言われても、「なぜ、よりにもよって私が」に対する答えはありません。自ら選んだかに見える自死すら、本当は自分で好んで選んだわけではなく、それを選ぶよう追い込まれたという側面もあるでしょう。

自分の死因や死ぬ時と場所を自分で選んで死んでいくことは、本当のところはできず、それは神さまや天命に任せるしかない。「死ぬ」というのも、必ずしも自ら選んでする行為ではないのです。

ところが、現代医療の発達は、多くの助からないと思われてきたいのちを救うことができるようになった反面、このような私たちが当然のように思ってきた誕生と死についての考え方（死生観）を根本から揺るがすような状況をつくり出してきました。

子どもを望んでいないのに妊娠してしまった人のための人工妊娠中絶、子どもを望んでいるのに妊娠しない人のための生殖補助技術（人工授精、体外受精、代理母）、両者を組み合わせた減数手術や男女の産み分け、やがて遺伝子の操作によって誕生すると言われるデザイナー・ベビー。子どもはもはや、神さまや天からの授かりものではなく、親の希望に沿って選ぶことができるものとなってきています。

死の場面も同様で、人工呼吸器の登場によって出現した「新しい死」である脳死（心臓が動いている温かい死）を「人の死」とするかどうかを、私たちが選ぶことができるという臓器移植法。終末期になって、いのちをわずかでも引き延ばしたいという治療を開始・継続するかどうかを、私たちが選んで決定しなければならないという終末期医療。

そもそも医療とは、病気・けがを治療して健康を回復させるためのものであり、その意味では、誕生と死は医療の関わる場面ではなかったのに、現代の医療は誕生と死の場面にまで手を伸ばし、それによって、かつては神さまや運命に委ねていたことが、私たちが選び、決めなければならないことになってきました。

＊　＊

そんな中、私たちも、もう過ぎてしまった自分の誕生については今さらどうしようもないにしても、やがてやって来る自分の死については、少しは考えておいた方がいいように思われます。

もちろん、人間の死亡率は一〇〇％で、誰でもいつかは死ぬわけですから、死ぬか死なないかを選ぶことはできませんが、どのような状態の中で死を迎えることになるかについては、ある程度まで自分で選び、希望を伝えておくことができます。とりわけ、先に述べたような現代医療のあり方の中で、自分の希望を伝えておかないと、自分も家族・親しい人も望まないような医療の流れの中に呑み込まれてしまう恐れがあります。医療従事者も、家族・親しい人も、それぞれの側から重い選択を迫られることがあり、そのとき、私たち自身がどのように死を迎えることを望んでいるのか、本人に希望を聞きたくても、もはや聞くことができない、ということもあり得ます。そんなときのために、私たち自身の希望を伝えておくのは、自分自身のためばかりか、私たちを見送ってくれる人たちのためにも大切なことです。

そのときもう一つ大切なことは、自分で選び、自分の希望を伝えるとは言っても、自分のことは自分で決めるから（自己決定）、人の言うことは聞かなくてもいいというのでは、なかなかうまくいかないということ、まわりの人が納得できないような決定や希望をしたのでは、あとあと禍根や後悔を残すことになりかねないということです。私たちは、一人勝手に生まれ、一人勝手に生き、一人勝手に死んでいく存在ではありません。人と人の間に生まれ、人と人の間で生き、人と人の間で死んでいく存在なのです。

どのような状態で死を迎えたいのかという私たちの希望は、自分一人で勝手に決めることではなく、家族・親しい人や、場合によっては医療従事者とも話し合いながら、お互い譲ることのできないところも含みつつ、どこかで分かり合えるところを探してともに考え、互いに納得できるようなものとしていきたいものです。

＊　＊

最後に一言だけ付け加えさせてください。

近年、尊厳死という言葉をよく耳にするようになりました。「無益な延命治療」の中で生きながらえるよりも、安らかに死なせて欲しい（死なせてあげたい）という、これも現代の医療のあり方が尊厳をもった死を失わせているという反省から生まれた要求でしょう。

もともとの考え方そのものは悪くはないのですが、私たちからのまわりの人へ配慮を欠いた身勝手な要求であってはいけないし、逆に、私たちの希望も聞かれないままにまわりの人が安らかに死なせてあげたいと勝手に決めつけられるのもあってはならないでしょう。

尊厳死という言い方は、しばしば死の場面だけに焦点を当てて、それを先取りしてそこから考えてしまうという恐れがあります。大切なのは、死の場面に至るまでをどのように尊厳をもって生き抜いて行くことができるか、ではないかと思います。その意味では、尊厳死よりも「尊厳生」をこそ大切にしなければならないでしょう。

ファミリー・リビングウィルと尊厳死の宣言書

リビングウィルは一般に、「生前発効の遺言書」などと訳されることもありますが、通常の遺言書が本人の死後に効力が発生するのに対し、リビングウィルは本人がまだ生きている間に効力が発生します。ただし、医療者に書面に記された希望通りにするよう強制する法的拘束力はありません。

今もっともよく知られているのは、日本尊厳死協会のリビングウィル（「尊厳死の宣言書」）かもしれません。しかし実際には、リビングウィルにはさまざまな書式が存在します。それらの書式の主なものを表に挙げてみました（五五ページ）。

「ファミリー・リビングウィル」（事前指示書）は、日本尊厳死協会の「尊厳死の宣言書」をはじめ国内の書式とは以下の点で大きく異なっています。

一つは、「リビングウィル」も、自分の望みを書くためのものですが、自分の望みを一方的に書きつけるためのものではありません。医療・介護者や家族、自分をとりまく人たちと共に対話をする中で自分の望みをかたちにし、作成することを基本としています。

今一つは、作成された書面（結果）より、作成する中で自分で考え、希望をかたちにしていくプロセスを大切にしています。

事前指示書は、どのような治療を望むか望まないかを記しておく「①内容指示」と、自分に代わって医療的な決定をする人を指示しておく「②代理人指示」とがあります。一般に「リビングウィル」と呼ばれているのは、「内容指示」のことです。

代理人は、第一代理人と第二代理人の二名を選んでおきますが、家族などみんなで話し合い、了解を得た上で決めることが大切です。

作成に当たっては、①意識がない場合、②回復が極めて困難である場合、の希望を書くようになっています。意識の有無や、回復が困難かどうかは、医療者により判断され、自分で決めることはできません。

ここでいう「回復が極めて困難である場合」とは、現在の医学でどのような治療を施しても完治が望まれず、近い将来に、死または後遺症が避けられない場合のことを言い、自分で判断することではありません。

では、「回復が望める場合」とは、身体的にどのような状態になろうとも、一定の回復が見込まれ、死がそれほど間近でないと医療者が判断した場合で、自分が判断することではありません。

種　類	団体名	書　式	費　用
任　意	日本尊厳死協会	尊厳死の宣言書	年会費 2,000（3,000）円 終身 70,000（100,000）円 ( ) 内は夫婦で入会
	満足死の会	満足死の宣言書	3 年 3,000 円 終身 10,000 円
	終末期を考える市民の会	終末期宣言書	年会費 2,000 円 賛助会員 10,000 円
公正証書	弁護士事務所 司法書士事務所 行政書士事務所	尊厳死宣言 公正証書 自筆 (認証) 任意、後見契約書	11,000 円＋印紙代 5,500 円 4,200 円～ （公証人手数料、認証料は別途必要）
医療関係	全日本病院協会	終末期医療書	無料。診察料、相談料は要
	レット・ミー・ディサイド研究会	カナダのウィリアム・モーロイ医師が提唱した「事前指示書」	無料

最期のときをどう迎えるか・・自己決定・・患者の視点からリビングウィルを書く

医療や介護の現場では、本人に意識がなくなって、彼（彼女）の思いがわからず、家族をはじめ、医療者や介護者が悩んだり、苦しんだりする場面がよく見られます。そこで、そのようなことがないように自分の意思を伝えておくために、自分の希望することは自分で決めて、書面に記しておこうというのが「リビングウィル」です。

ファミリー・リビングウィルをつくる上で大切にしたかったことは、医療・福祉の非専門家である自分たちが、自分たちの身の丈にあった、自分たちのリビングウィルを作成することです。とはいえ、自分の希望することは自分で決めるという自己決定は、患者の〈自立〉が前提となっています。つまり、自分が好きなように選ぶだけではなく、そこには責任が伴うということです。そのような意味で「自立」とは、言葉の奥にある思いも含め、自分の思いをきちんと相手に伝えることができること、相手の話をよく聴いて、対話ができるということ、自分のことは自分で考え、自分の決めたことに責任を持つことができるということではないかと考えます。

作成する中で気づいたことは、医療は患者と医療者が共同で行うものであるということ、そのためにリビングウィルは、医療者・介護者と患者とのコミュニケーションの手助けになるということでした。

もうひとつは、リビングウィルを作成することの難しさです。書面を前にあれこれ考えていてもすぐに書けるというものではありません。そこで、「リビングウィルを書くためのノート（下書き）」づくりが必要となってきます。

私が代表をする「患者のウェル・リビングを考える会」では、二〇〇九年ごろから、リビングウィルを書くための冊子（『大切なあなたに伝えておきたいこと　～ファミリー・リビングウィル～』）の編集を手がけ、二〇一一年に試作版が、二〇一四年に修正版が完成し、その冊子を用いて勉強会や作成会を開いてきました。しかし、今のところ完成版には至っていません。

その理由は大きく二つあります。一つはリビングウィルは死までを「いかに生きるかを考えるためのもの」とはいえ、自分の死と向き合わざるを得ないということです。残された人生、健康長寿を願って、一日でも元気で明るく生活していきたい、死のことはできるだけ考えたくないと思う人にとっては、暗い話題、避けて通りたいことかもしれません。

しかし、「いつかくる死のことを考えておきたい」（五〇ページ）では、そうした思いに対して、「死はいつかはやって来るもの」、「死は自分だけの問題ではなく、人と人との関わりの中で考えていくことが大切なのではないか」と私たちに問いを投げかけています。

もう一つは、自分の希望したことが将来どこまで保証されるのか、本当に希望どおりになるのかという問題です。だから法律で保証してはどうかという動きもありますが、人それぞれ人生があり、希望がある中で、一律に法律で保証される私たちの生や死とはどのようなものなのでしょうか。「法的観点からみた『自己決定』」（五九ページ）は、その前にもっと医療現場で考えるべきことがあるのではないか、と問うています。

希望どおりになるかどうか「わからないから書かない」ではなく、希望どおりに「ならないかもしれないけれど書く」という気持ちをもって欲しいと思います。家族のためでもありますが、やはり一度しかない人生の終わりに一度しかない最期のときをどう迎えるか、できれば自分の希望はもちたいと思います。

難しいのは、認知症の患者さんのリビングウィルです。認知症になった人の希望することが、かつて書いたリビングウィルの内容と違っていたら、周りの人はどう判断すればいいのでしょうか。認知症の人は、判断力は徐々になくなっていきますが、意識がなくなっているわけではありませんので、自分の希望は口に出して言うことができます。でも、自分が書いた希望のことは忘れていることが多いです。そのような場合は、介護者が家族であれ、近しい人であれ、専門家であれ、その人とどう接して、その人の望むであろうことをどう察して、実現していくかが大切ではないかと思います。

認知症の患者さんのリビングウィルと同様の問題は、意識のなくなったときのために作成されたリビングウィルにも言えることです。つまり、意識のあるときに決めたことが、意識を失ったときの自分の状況に沿うものであるかどうか、意識のあるときの「自分」と、意識がなくなったときの「自分」は果たして同じ「自分」であると言えるのか、いささか哲学的ですが、そうした問題は、リビングウィルを作成する中で、常に考えておかなければならないことと言えるでしょう。

いろいろと難しいことはありますが、まずは自分の希望すること、希望しないことを考え、整理していくことから始めてください。「リビングウィルを書くためのノート」は、希望する場合はどのような時か、希望しないのはどのような時か、また、なぜそう考えたのかを考えるためのものです。そうすれば、私の家族が死にゆく私を前にしたとき、看取るとき、少しは心の負担が軽くなるのではないかと思っています。

法的観点から見た「自己決定」

稲葉　一人

法的には、自己決定権とは、そうする権利（ないし人権）のことであるが、使われる文脈は多様であり、「何に関する決定か」によって、自己決定の役割や強さが異なる。

法的には、わが国では、自己決定が、「権」としては十分確立していないし、有名な「エホバの証人」の最高裁判決でも、慎重に「自己決定権」という用語は避けられている。権利として確立していない「自己決定」は極めて脆弱である。

他方、自己決定とインフォームド・コンセントの歴史を検討すると、インフォームド・コンセントは、「自己」や存在への配慮、つまり、自己決定のコアは、「人そのものへの尊重や配慮である」が、わが国の一般臨床や研究分野における倫理規定・ガイドラインの検討では、インフォームド・コンセントは、「自己決定」や「自己の存在への配慮」と切り離されて規定され、それだけが医療実践として考えられている。そのため、説明すればこと足りるという医療実践を促してきた。

同様に、自己決定を間接的に保障する事前意思の尊重の制度が確立しておらず、また、家族の代諾・代行権限が不明確であるにもかかわらず、現実にはそれが本人の医療行為の決定に大きな影響を与えている。

もう少し説明しよう。わが国では、不確実な中で自分で決めることの意味、自分で決めたことを周りがこれを尊重することの意味、決定した後に心が動き、真意との違いが生ずることを知りながらも、決めることに賭けるという自己決定のコア部分を深く考えることがないままに、自己決定が「権」として確立してこなかったのである。

自己決定を、自己責任に帰結させ、その条件として、インフォームド・コンセントとを結びつける考え方やプラクティスは、「自己決定」を尊重する社会とは思えない。

医療に則して考えよう。

決定する主体である患者は自分で考え、自分の決定がどのような帰結を有するか考え、リスクの不確実さを理解し受け止めているのか。それを医療者に委ねてはいないか。

不確実なリスクが顕在して、不都合が生じた場合には、患者は自分たちの理解をしようとする努力がなかったことや、自分で決める・決めたことを棚に上げ、ひたすら医療者を責める形となっていないか。

他方、医療者は、自己決定をインフォームド・コンセントと転化することにより、「説明してこと足れり」とし、患者に自己決定の材料を示したのだとして、決定することを押し付ける、あるいは、決定したとする。そして、同意をすれば、決定は自己責任と同じだとしていないか。

また、古くから、本人に関する医療情報を本人に開示して、判断を求めることが本人を害するという理由で、開示をしない（告知をしない）ということが行われてきたし、わが国では、むしろ医療のプラクティスは、患者ではなく、家族への説明と、家族の決定になってきたのではないか。

本人の判断能力がないと判断された場合には、家族などによる、代諾・代行判断がなされる。しかし、判断能力の「判断基準」はあいまいであり、その判断権者は一体誰なのかという問題がある上に、「ない」と判断された場合は、残存する、まだらな、自己そのものへの配慮が十分になされないことになる。

本人がベッドで情報を与えられないまま、家族や医療者が、十分に根拠付けられていない基準で、「ない」と判断し、最後まで知らされないままに家族と医療者が決めていくことは、いかに保護すべき本人であっても、本人の決定を尊重していないのではないか。

誤解を恐れずに言えば、わが国では、(少なくとも、医療の文脈では)自己決定は、全くと言っていいほど、実行されず、また、尊重されていないのではないか。


こんな中で、私たちは何をすべきなのか。

法律で、自己決定を規定するのか、法律で、尊厳死を決めるのか。私は「否」と言いたい。

それは、まず、自分たちの決定を尊重する医療実践こそ、それは具体的には、市民が、事前指示、特に書面によるリビングウィルを作る作業を通じて、決定していくことの大切さ、難しさ、それを尊重することの大切さ、難しさを、身をもって体感していくという、地道な作業こそが、今必要なのだ。

リビングウィルを書いてみる

まず、どのような場合に備えてリビングウィルを書くかということは、これまでも触れていますが、以下のような場合です。

・私に意識がなく、自分の意思や希望を私の家族や親しい人たち、医療者や介護者に伝えることができなくなったとき
・私の主治医、あるいはその他の医療者が、私の状態の回復が極めて困難であると判断したとき
・死が近いうちに訪れると予想されるとき

しかし、病態によっては、すべてがこの条件どおりというわけではありません。例えば、植物状態になった場合は、意識はないと言われていますが、回復が全くないとは言えません。また、死が近いとも言えません。認知症の場合は、判断力は劣ってきますが、昏睡、昏迷に至るまでは意識はあり、また、死が近いとも言えません。ですから、病態によってそれぞれ条件は異なっています。

そのような事態に備えるため、自分に代わって、自分の意思を伝えてくれる人を指定します。

私の場合、第一代理人は、日ごろからよく話をしている長女にしています。かかりつけ医は、近くの医院の先生です。日ごろから私の身体（血圧）のことでよく話をしています。搬送先に指定している病院は、私

の勤務する病院で、主治医はそこの内科の先生で、私のよき理解者です。

日本には「かかりつけ医」の制度がありません。風邪を引いたときくらいしか病院に行かないという人や、あまり病気をしたことがないので病院とは無縁だという人も、健康であることは良いことですが、これからのことを考えて、日ごろから意識して信頼のできる医師を探し、コミュニケーションをとっておいてください。できればリビングウィルのことも伝えておきましょう。

かかりつけ医は、大病院ではなく、自宅の近くのクリニックや診療所の先生で、自分を看取ってくれる、できることなら、自分の歳よりも一回り以上若い先生がよいでしょう。なぜなら、その先生が、自分より先に亡くなってしまわれたら元も子もないでしょうから。

次に、希望することや希望しないことは、健康な意識と判断能力がある時に、自分の意思で書いたこと、代理人ならびに家族や親しい人たちと話し合い、理解を得て書いたものであることを明記します。できれば、このリビングウィルが、本人の許可なく第三者によって書かれたものではないということを証明するため、証人に見てもらい署名してもらうとよいのですが、ここまでは難しいかもしれません。

日付と署名は必ず自筆で書きましょう。代理人に関しては、必ず連絡のとれる連絡先を明記しておくことが大切です。

心肺停止のとき

心筋梗塞や脳梗塞などの病気や交通事故などで心肺が停止した場合は、一般的には救急車を呼び応急処置が施され、病院に運ばれて心肺蘇生が行われます。

しかし、ここで少し考えてみたいことがあります。自宅で倒れた場合で、心肺蘇生を希望しない場合は、どうすればいいでしょうか。救急車を呼ぶということは、救命を希望しているということになりますので、心肺蘇生や人工呼吸器を装着するなどの救命措置が施されます。それはひとつは救命のためですが、その他に事件性が考えられることもあり、何もしないで死なせてしまうと、後々過失が問われる場合があるからです。

しかし、例えば、慢性心不全で意識喪失を繰り返し、経過観察をしながら療養していたが、ある日自宅で倒れ、呼びかけに対しても意識が戻らず心肺停止状態になったときは、救急車を呼ばずにかかりつけ医に連絡して、自然に看取るという方法もあります。かかりつけ医による前回の受診から二十四時間以内の場合、もしくは予想された病気で家族が了解している場合は、かかりつけ医に看取ってもらうことができます。

しかし、他の原因により自宅ですでに死亡した状態で発見された場合や、事件性が疑われた場合は、遺体は検死を受けることもあります。

本人が事前に心肺蘇生を拒否していても、家族が心肺蘇生を希望すれば、家族の意向が優先されることがあります。また、医療者が常駐していない介護施設に入所している場合は、救急車を呼ばないという選択は、施設の体制からみて難しいこともあります。ですから、心肺蘇生を望まない場合は、家族やかかりつけ医（往診医）にそのことを伝えておく必要があります。

私の場合、蘇生して欲しくないので、外出先で倒れた場合は、リビングウィルカード（三九ページ）を保険証と一緒に携帯するか、家で倒れた時は、駆けつけた救急隊員によく見えるように、自宅のどこかに「蘇生拒否」と書いたカードを貼っておくなど、少し工夫してみようかと思います。

呼吸不全を起こしたとき

呼吸不全とは、動脈血中の酸素が不足しているために酸素が体内に取り込めないという症状で、血液ガス分析によって医学的に判断される客観的な病態（低酸素血症）です。ここでは、意識がない状態を前提としていますので、息が苦しいという主観的な症状（呼吸困難）とは異なります。

呼吸不全を起こす原因として考えられるものは、事故などによる多発性外傷、心不全（心筋梗塞など）、肺炎、慢性呼吸不全（肺気腫などの末期）、老衰の末期、脳梗塞などです。呼吸の機能が著しく低下し、薬剤投与や酸素投与などの治療を行っても、自力で呼吸をすることが難しくなったときは、酸素を体内に補う処置がなされます。

通常は、マスク式の人工呼吸器をつけて必要な酸素を吸入しますが、それでも呼吸が十分にできない時は、酸素を補うルートを確保するために気管チューブという管を口から気管内に挿入し、気道を確保して呼吸ができるようにします。チューブを挿入する際に苦痛を伴うため、麻酔をかけて行いますが、麻酔が浅いとチューブの自己抜去（自分でチューブを抜いてしまうこと）がありますので、救急時など短期間の処置となります。

気管チューブによる呼吸の確保は、二週間過ぎたころから声帯の損傷、口腔内や舌の潰瘍《かいよう》発生のリスクが高くなります。また、口腔内の衛生環境が十分に保てないことにより、肺炎のリスクも上がります。二週間で人工呼吸器から離脱できない場合や、長期にわたって人工呼吸器を使用する場合は、気管を切開（咽の甲状腺の下を切り、気管の一部に穴を開ける）して、そこに気管チューブを通し、そのチューブを人工呼吸器につないで気管に酸素を送ります。

最近では様々な人工呼吸器が開発され、その中にはコミュニケーションがとれるものもありますが、たいていは気管切開を行うと話すことが難しくなり、コミュニケーションがとれなくなると言われています。また、痰が気道を塞がないように、気管切開部から細いビニールチューブを差し込んで痰を吸い出す「吸痰」が必要となります。私の母の場合もそうでしたが、患者は吸痰のとき、一時的に苦しげな表情を浮かべますので、そばで介護している家族にとってはつらい体験となります。

人工呼吸器を着けなくても、場合によっては静脈麻酔薬やモルヒネを使って呼吸困難を和らげることができます。人工[1]呼吸器は一度装着すると、それを外すことは法律で禁じられていると誤解している人が多いようですが、人工呼吸器の中止に関して特に法律で禁止されているわけではありません。

〈episode 1〉

伯母のこと

私の伯母は九十七歳になりました。子どもはなく、二〇〇五年に伯父が他界してからは、広島のケアハウスで一人で暮らしていましたが、近くに世話をしてくれる身寄りもなく、将来に不安を覚えて、姪である私の住む神戸に引っ越してきました。母が白血病で闘病生活をしていた時、私の面倒をみてくれた伯母です。

当初は私と同じマンションの二階上で自立した生活を行っていましたが、二〇〇九年十二月に自宅で倒れ、救急搬送され一カ月間入院をしました。退院後は、介護認定を受けて在宅療養も検討しましたが、有料老人ホームに入所して現在に至ります。

広島にいたころ（一九九三年）、胸部に痛みを訴えるようになり、「狭心症の疑い」と診断されました。検査では特に狭心症の症状が出ず、「疑い」のまま経過観察となりましたが、時々胸の痛みを訴え、ニトログリセリンが処方されました。

神戸に来て、入院中を含め三名の主治医からは、ニトロの使用は不要と診断されましたが、舌下すると症状が落ち着くため、本人にとっては精神安定剤の意味をもつようになりました。

二〇〇九年の定期検査では、ＣＴで特に異常なし、入院中の検査でも、慢性心房細動、肺動脈弁閉鎖不全症と診断されてはいますが、冠動脈の狭窄《きょうさく》は認められていませんでした。

二〇一四年八月ごろから下肢リンパ浮腫がみられ、下肢大動脈に動脈硬化の疑いがあり、検査をしたところ、診断名は、心房細動、大動脈弁逆流症、三尖弁《さんせんべん》逆流症でしたが、下肢閉塞性動脈硬化症ではありませんでした。

二〇一五年十一月二十八日、施設から電話で、「意識がもうろうとしていて、呼びかけにはかすかに答えるものの、意識レベルが下がっている、救急搬送するかどうか」という問い合わせがあったので、「これからすぐに行くから病院には搬送しないように」と伝え、施設に行きました。

施設に着くと在宅医の指示でニトロを舌下し、少し持ち直していましたが、病名は虚血性心疾患とのことでした。その後、紅茶を飲んでふつうに夕食をとり、ことなきを得ました。

その後、二〇一六年二月くらいから、不安定狭心症と診断され意識低下を繰り返していましたが、意識が戻るまでの時間がだんだんと長くなっていきましたので、施設には緊急時の対応として、以下のようにお願いしました。

（一）骨折、心不全、呼吸困難の場合は、

①苦痛症状がなければ経過観察をお願いします。

②呼吸が止まったら在宅医を呼んで看取りをお願いします。心肺蘇生はしないでください。

（二）救急対応で救急車を呼ぶことが必要と考えられた場合は、まず、

①第一代理人である私の携帯電話に、つながらない場合は職場に連絡をしてください。

私に連絡がとれない場合は、あらかじめ申し合わせているとおり、第二代理人である私の娘夫婦に連絡をとってください。

ここまではよくあることですが、問題は救急車を呼ぶか呼ばないかという判断を施設側がしなければならない場合です。ちなみに、伯母の入所している施設は、日中は看護師が常駐していますが、夜間は介護士だけですので、そのときはどうすればよいかということです。

どうしても救急車を呼ばないといけない場合は、私の家から離れた不慣れな地域の救急病院ではなく、入所前の伯母の主治医がいる病院に搬送するように頼みしました。

その場合、搬送する前に、救急車からまず私に、さらに病院ではなく、主治医に連絡をとってもらえるように、主治医の名前と連絡先を施設に伝えました。もちろん、主治医には事前に承諾を得ています。

しかし、ほどなく施設長から以下のような内容の手紙が届きました。

一、施設の体制として、緊急時に医療行為を必要とする場合は、在宅医に連絡し、すべて指示どおりにすることになっている。
二、夜間にナースが不在の折は、介護士に右記の旨、徹底している。
三、今後、看取りなどを含め、特別な配慮を望む場合は、すべて在宅医へ依頼して欲しい。
四、特に、救急時の場合、対応を介護士などに判断を委ねられても希望の搬送先にたどりつけるか責任はもてない。
五、すべて、在宅医側からの指示でお願いしたい。
ということでした。

ちなみに伯母はテレビ番組を観たとかで、二〇〇二年、自筆のリビングウィルを、二〇一四年には、私と一緒にリビングウィルを作成し、それらを施設へ渡していましたし、看護師さんやケアマネジャーさんにも緊急時を含めすべて伝えていましたので、当然、そのことは在宅医に伝わっていると思っていましたが、どうやらそうではなかったようでした。

伯母が入所している介護施設では、看護師が常駐しているとはいえ、医療的な問題に対しては対応できないということだと思います。しかし、緊急時の対応について、すべて在宅医の指示を仰ぐことと、知らなくてよいということとは話が違うことではないかと思います。それは、「何かあればすぐ救急車」ということは徹底されているが、マニュアルにない方法は一切受け付けませんということだと思います。

ケアマネさんは、私の話に理解を示してくれ、救急時に家族が指定する病院に搬送してもらえるのかどうか、消防署に問い合わせてくれました。ですから、施設に迷惑がかからないように「救急隊員の方へ」というカードを作り（下図）、部屋に掛けておくことにしました。

もうひとつこの経験を通して思うのは、介護に関わる人には、「自然な看取り」とは、「何もしないこと」ではなく、「延命治療をやめて看取りに入る」ということで、それは、[2]「慢性疾患をもつ高齢者にとっては緩和ケア」であることの認識をもって欲しいと思っています。

家族を含め、患者（入所者）をとりまく人たちが対話をすることで、よりよいケアを行っていくことは、この書でも常に伝えていることですが、実際はなかなか難しいことだと改めて思いました。

脳死とされうる状態となったとき

なんらかの原因で脳に障害を負い、その機能がすべて失われて元に戻らなくなったとき、私たちは脳死とされうる状態になったと診断されます。そのとき、私なら何を希望するか考えてみました。

「脳死とされうる状態」は、植物状態とは異なり、呼吸をつかさどる脳幹を含む脳の全機能が停止して元に戻らない状態を言います。しかし、よく誤解されるのは、この状態を「脳死」だと考えている人がいることです。

救急隊員の方へ

救急搬送する場合は

＿＿＿＿病院に搬送してください。

住所

＿＿＿＿＿＿＿＿＿＿＿＿＿＿＿＿

緊急時のカード　表

搬送する前には
以下の順で連絡して下さい。

①代理人の名前と携帯電話の番号

②代理人の勤務先
連絡のとれる勤務先の電話番号

③主治医の名前と病院名
連絡のとれる主治医の電話番号

緊急時のカード　裏

この「脳死とされうる状態」ではまだ「脳死」とは呼べません。臓器提供を前提とした法的脳死判定が行われてはじめて「脳死」と診断され、移植に使用されるための臓器を摘出することができるのです。

脳死とされうる状態となったら、自発呼吸ができないので、人工呼吸器がつけられます。臓器提供を希望すれば、脳死判定のため人工呼吸器は取り外されますが、希望しない場合は、人工呼吸器をつけたままで治療を受けるか、人工呼吸器を取り外して治療をやめるかという選択肢となります。

脳死判定を前提とした臓器提供は、本人の意思表示がなくても、家族の承諾があれば行われます。ですから、臓器提供の意思がない場合はどうするかを考えておく必要があります。リビングウィルに書くこともできますが、いざという時に発見してもらいやすいように、ドナーカード、健康保険証、運転免許証等に記入し（日本臓器移植ネットワークのホームページの意思登録からも可能）、それを絶えず携帯しておくとよいでしょう。

脳死は、あくまでも臓器提供を前提とした、「臓器の移植に関する法律」の枠内での判定となります。臓器移植のための法的脳死判定が行われていない「脳死とされうる状態」で、人工呼吸器をつけて治療を継続するのか、しないのかといった終末期医療のあり方については、厚生労働省（二〇〇七年五月）をはじめ、日本救急医学会（二〇〇七年十一月）、全日本病院協会（二〇〇九年五月）のガイドライン[3]に従って、患者自身の意思（推定意思も含め）、家族の意思、医療従事者の判断を踏まえて決定されることになります。

ですから、臓器提供をするかしないかに加え、これまでの治療を続けたいか続けたくないか、治療を続けたいと思うのはどのようなときか、治療を続けたくないのはどのようなときか、それぞれの理由も考えてリビングウィルに書いておくことが必要となります。

私の場合は、臓器提供を希望しませんので、初めから人工呼吸器をつけない意思表示を健康保険証と運転免許証の裏面（備考欄）に記載しています。

植物状態になったとき

「植物状態（遷延《せんえん》性意識障害）」とは、何らかの原因で脳に障害を負い、長期にわたり意識を失った状態をいいますが、全脳の機能が失われた脳死状態とは異なり、呼吸をつかさどる脳幹の機能は残っているので自発呼吸はできます。自分で歩いたり飲食することはできませんが、痛みや刺激に対する逃避反応など周囲の環境に対する反応や、場合によっては、眼を開けた覚醒と閉じた睡眠のリズムが保たれていることもあります。

障害の程度は重度から軽度まで幅があり、すべての段階で意識が戻る場合と戻らない場合とがあります。全脳の機能が停止している「脳死とされうる状態」とは完全に区別されますが、重度になると人工呼吸器をつけることもあります。

三カ月以上意識が戻らないときは「植物状態」と、六カ月以上意識が戻らないときは「持続的植物状態」と診断されます。このまま意識が戻らない状態が続いたら延命治療を中止するかどうかの判断が求められますが、脳死状態とは異なり、意識が回復することもありますので、選択は難しくなります。自分ならどうしたいか考えてみたいと思います。

日本における植物状態の定義は、一九七六年に日本脳神経外科学会が提案したものがありますが、まだ一般的な定義には至っていません。日本脳神経外科学会による定義は、①自力移動が不可能である、②自力摂食が不可能である、③便・尿失禁がある、④声を出しても意味のある発語が全く不可能である、⑤簡単な命令にはかろうじて応じることもできるが、ほとんど意思疎通は不可能である、⑥眼球は動いていても認識することはできないという六項目で、治療しているにもかかわらず上記六項目が三カ月以上続いた場合を「植物状態とみなす」としています。

英米などでは、簡単な命令に反応する場合は「最小意識状態」と定義して、植物状態と区別していますが、日本では「最小意識状態」に対する認識が遅れており、両者の区別はされていません。しかし、外からの刺激に対する反応がないことをもって「意識がない」と言っているだけで、反応はできなくても意識があることもありうるとして、「意識障害」ではなく「コミュニケーション障害」と呼ぶべきではないか、と言う研究者もいます。

以上から、植物状態に陥ったからといって死が間近であるとは言えませんし、医学的に回復の可能性がないとする判断基準も今のところありません。

「特別疾病」に認定されたら、六十五歳未満であっても介護保険サービスを受けることができますが、四十歳未満の人や「特別疾病」に認定されない交通事故の後遺症などの場合は、介護保険は適用されません。

口から飲んだり食べたりすることができなくなったら

口から食べ物や水を摂れなくなったとき、どのようにして人工的に栄養や水分を摂るかは、自由に選べるというものではありません。そのときの症状や病態、例えば消化管が機能しているかどうかなどによってできることとできないことがあります（図①）。したがって、どのような人工栄養法があるのかを主治医に尋ね、自分だったら何を希望するかを考えておきます。

胃ろうを造る方法は、麻酔下で胃にチューブを通す外科的な方法と、内視鏡によって行う経皮内視鏡的胃ろう造設術（ＰＥＧ）とがありますが、ＰＥＧは、外科的胃ろう造設術に比べ、短時間で造設ができ、外科手術などによって人体を切開したり、人体の一部を切除したりすることも少なく、また、経鼻栄養法と比べ不快感が少ないため、今ではほとんどこの方法で行われています。

栄養を摂らないことは、どうしても「餓死」を連想させ、「せめて水分と栄養は最期まで」とか、生命尊重の考えから、「栄養補給は必須」と思う人も多いでしょう。その一方で、死が近い患者が、人工的に栄養を摂ることはかえって本人にとって苦痛となり、患者のＱＯＬ（Quality Of Life：クオリティ・オブ・ライフ）を下げることがあるという医学的判断もあります。

ＱＯＬとは、生（生命、生活）の質を評価する観点で、その人の身体的のみならず、精神的、社会的（社会での、あるいは家庭での人間関係などの）環境がその人にとって良好であれば「ＱＯＬが高い」、良好でなければ「ＱＯＬが低い」と評価されます。

人工栄養選択のプロセス（図①）

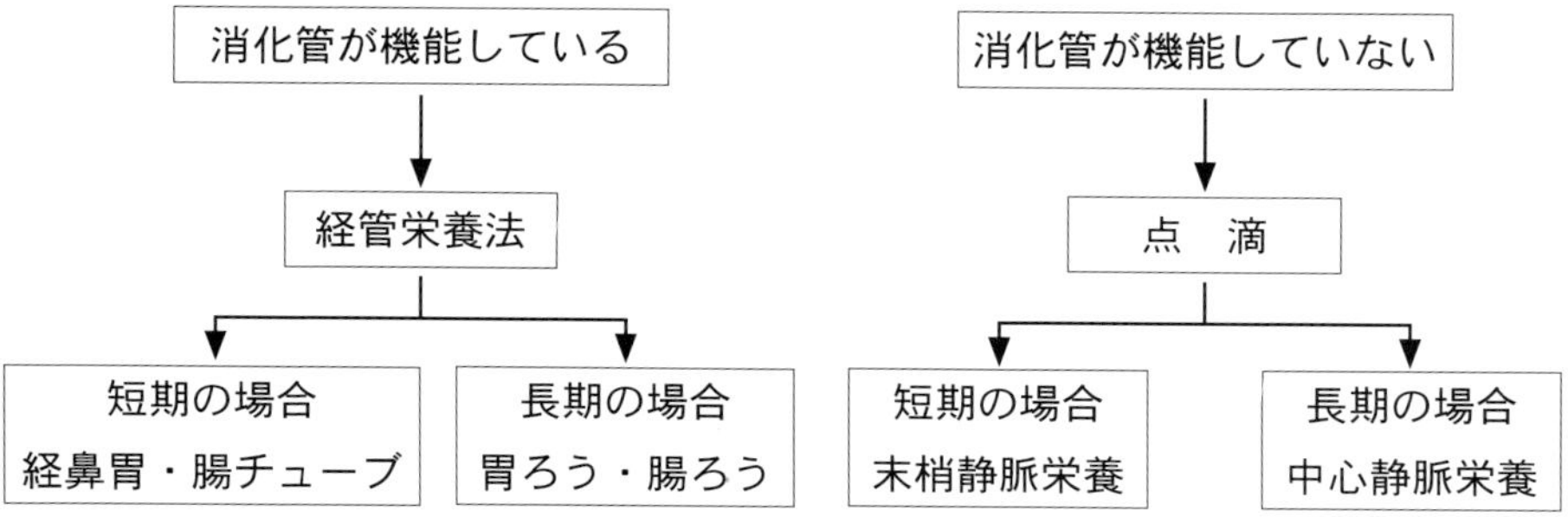

回復が見込まれず、ただ生命を維持するためだけに栄養補給をしている場合、まずは患者の利益を第一に考えなければならないにもかかわらず、ＰＥＧが退院への手段、福祉施設入所の条件になることがあります。その際、ＰＥＧのメリットを強調するか、デメリットを強調するか、医療者側の話の進め方しだいで、ＰＥＧの造設を誘導することにもなりかねません。さらに患者の意思とは関係なく、様々な事情で家族と医療者との間でＰＥＧ造設の方向性が決まる場合もあります。

以下の事例は二〇〇九年に書いた拙論[4]からの抜粋です。

〈episode 2〉
TO PEG OR NOT TO PEG

〈患者の情報〉

九十歳　男性

家族　妻（八八歳）、長男（五八歳）、長女（五四歳）

病状　繰り返す肺炎、嚥下障害、その他

経緯　右記疾患で連携の介護老人施設より入院。外来での受診歴なし。食事摂取が困難となり、退院しても自宅での介護が困難。今後施設に行くためには、ＰＥＧ造設をしたほうがよいという情報もあり、胃ろう造設が検討された。家族に説明したところ、家族は、「胃ろうを造ってまで長生きすることは、本人の望むことではないと思う。このまま点滴で自然の成り行きにまかせて欲しい。元の施設には戻

れないので、点滴で入れる施設があれば探して欲しい」と言われた。本人はある程度の判断力はあったが、精神的に不安定（抑うつ状態）であったため、面談は家族と医師と師長とで行う。

検討事項　胃ろうを造設した場合と、中心静脈栄養（ポート埋め込み）の場合とでは、

（一）経済的負担について（どちらが安いか）

（二）退院後、入所できる施設の種類と入所期間についての比較

振り返り　家族は一旦は胃ろうを拒否し、その後、数回面談を重ね、また、カンファレンスも行った。カンファレンスでは、在宅部門の「ＰＥＧ造設してもその人らしさは失われない」という一言がきっかけとなり、ＰＥＧ造設の方向に傾いた。また、病院が、患者の受け入れ先が見つかるまでは退院を強要しないと約束したことや、さらにＭＳＷが提供した介護保健施設と医療療養型病院の条件の比較などの資料が後押しとなって、家族は胃ろうを造設することを了承した。医療者側は医学的判断に基づき、今後施設に入ることも考え、胃ろう造設をすすめたが、ＰＥＧのデメリットについては十分説明することができたとはいえず、医療者の話のすすめ方しだいで、ＰＥＧ造設の方向性が決まってしまうように感じた。

この事例から問題点をいくつか取り出してみましたが、まずは、本人のリビングウィルがなく、家族の推定意思に頼るしかなかったということです。

〈問題点〉

一、外来での受診歴がなかった（患者の情報が乏しかった）。
二、急性期病院であるため、入院の継続は難しい。
三、医療者がＰＥＧを勧めた背景には社会的な問題（元の施設には戻れない／点滴を行える施設が限られている）があった。
四、本人にはある程度の判断能力はあったが、説明は難しかったので、インフォームド・コンセント（二五ページ参照）が得られていない。
五、家族は「本人の望むことではない」と胃ろう造設を拒否した（推定意思）。
六、家族は在宅での介護を考えていない。
七、家族は点滴にこだわった（何もしないことは餓死を連想させる）。
八、家族の「このまま点滴を続けて〈自然の成り行きにまかせる〉」とはどのようなことを意味していたのか。つまり、よく話題に出るが、点滴は医療行為であるため、「自然のなりゆき」にはならないということの理解が患者側にはなかったということ。

ここ数年、患者、特に高齢で重介護の療養については厳しい条件が伴い、必ずしも患者や家族の意向に添えないことがあります。治療や生命を守ることを第一とした医療機関において、社会的な条件をどこまで考慮して、治療方針を決定すべきなのか。また、家族との面談で理解を得たとしても、例えば、ＰＥＧ造設についいて、説明者の主観が入ったり、メリットを強調するか、デメリットを強調するかによって方向性がどちらかに転んでしまうことは否めません。

推定意思に関連してよく出るのが「その人らしい」という言葉です。「その人らしい」とは一体だれが決めることなのか、私はいつも疑問に思います。「PEGをしてもその人らしさは失われない」ということは、どのようなことを思ってこうした発言になったのでしょうか。

腎不全になったとき

人工透析とは、機能しなくなった腎臓の代わりに血液を浄化する装置を用いて、血液中の老廃物を体外に排出し、尿毒症を回避する治療方法です。人工透析には、血液透析療法（HD）と、腹膜透析療法（PD）とがあり、それぞれメリットとデメリットがありますが、日本では血液透析に比べ、腹膜透析を行っている患者（施設）はまだ少ないようです。

通常の腎不全も含め、腎不全が進行したときのことや、意識がなくなって、しかも今かかっている病気の回復が望めないとき、人工透析を勧められたら自分ならどうするか考えてみました。

人工透析をしなければ尿毒症が進み、尿毒症の合併症である心不全、心筋梗塞、脳梗塞、脳出血を発症して短期間（約一週間）で死が訪れます。また、人工透析を行う場合も、透析に伴う様々な合併症などで透析が困難になり、苦痛を伴うことがあります。

実際に腎不全になっていないわけですが、自分としては、まず、「透析以外に方法はないのか」、「透析をしなかったらどうなるのだろう」、「人工透析で苦痛が緩和されたり、今の病状が多少でも改善されるなら、人工透析をしようか」、「たとえ数日でも長く生きられるなら、人工透析をしたい」、「今の病状が改善されるより、人工透析による苦痛の方が上回るかもしれないならやめようか」など、透析をするかしないかに関して様々な葛藤が生じてくるでしょう。

透析を望むか、望まないかの選択は、透析によってもたらされるメリットとデメリットや、ＱＯＬはどうなるのか、透析をしなかったり中止したりした結果、どのような経過をたどるのか、苦痛のない死が見込める可能性がどれだけあるのかなどについて、自分なら、かかりつけの医師にしっかりと尋ねておきたいと思います。

透析を行わず終末期を迎える場合は、①現在行っている透析を中止する場合（中止）と、②はじめから透析を行わない場合（非導入）の二つが考えられます。患者に判断能力がない場合で、透析の非導入や中止について事前に意思表示がない場合は、医療チームが家族と話し合い、本人の意思が推定できれば、その推定意思が尊重されます。ですから、あらかじめ家族と話し合って、透析を行うか、中止するか、はじめから透析を行わないか、自分の希望を伝えておきましょう。

透析の不開始や中止といった透析の見合わせに関しては、二〇一四年七月に、日本透析医学会が[5]提言を出しています。

がんと診断されたとき

がんの治療方法には抗がん剤や放射線をはじめ、いくつかの選択肢がありますが、がんの場合は意識や判断力がありますので、インフォームド・コンセントにより自分で希望する治療方法や、いつまで積極的治療を続けるのか、やめたいと思うのはどのようなときか、ケアの場所はどこを希望するか（ホスピス、在宅、施設等）などを決めることができます。

「がん末期」と呼ばれるのは、一般的には現代医療において回復を目的としたすべての治療に効果が期待できず、死が間近に迫った時期から死までの時期を言います。

具体的には、積極的治療の効果が期待できず、生命予後（余命）が六カ月以内と考えられる段階であるとされています。しかし、あくまでもこれまでに蓄積されたデータから見て、確率的にはこれくらいということが言えるだけで、明確な根拠があるわけではありません。予後は、ある程度予測可能ですが、治療することでどれくらい延命が可能かは、予測はできても確実ではありません。

緩和ケアとは、がんによる痛みをはじめとする、苦痛となる諸症状の緩和を提供するケアですが、終末期の段階になって初めて登場するものではなく、がんと診断された時から適用されるものと言われています。痛みの緩和にはモルヒネなどの医療用麻薬を使用して痛みを緩和します。医療用麻薬は、適切に使用すれば副作用を最小限に抑えQOLを高めることが可能と言われています。

モルヒネは医療用麻薬の一つです。麻薬は依存性があり恐いものという偏見は今では少なくなりましたが、WHO方式がん疼痛治療法に従いモルヒネを使用した場合は、依存は起こらないと言われています。

しかし、意識を保つことを前提とした緩和ケアでは取りきれない苦痛があるときは、鎮静（セデーション）という方法があり、患者の意識を低下させる薬剤（鎮静剤）を投与することによって苦痛を和らげます。睡眠確保や一時的な苦痛からの退避を目的とする「間欠的（一時的）鎮静」と、死に至るまで持続的に眠らせるために行う「持続的鎮静」とがあります。持続的鎮静に入ると意思確認ができませんので、自分がどのような状態になったら鎮静を希望するか、事前に家族や医療者と話し合って、希望を伝えておきましょう。

患者は苦痛を避けるために「眠りたい」としばしば言いますが、一時的に苦痛を緩和するために眠りたいのか、この眠りがずっと続き、死に至ることを承知で眠りたいのか、しっかりと伝えておかねばなりません。

〈episode 3〉
鎮静

家族や本人に鎮静について説明する時期は難しく、説明の時期や仕方は、主治医の経験やスキルに拠るところが大です。私はホスピスは死に場所とは思っていませんが、自分がホスピスに入院したら、治らないという事実はどうしようもないことですし、苦痛はできるだけ取って欲しいので、状態が悪くなる前に説明して欲しいと思います。そして、そのことについては家族と話をし、自分の希望を家族に伝えておきます。ただ、こうしたことは、告知と同様、どうして欲しいかは人によって異なります。ここでは鎮静にまつわる仮想事例を挙げて、考える材料にしたいと思います。

患者Aさんは五十代の女性で二十代の子どもが二人います。長男は少し遠くに住んでいて、長女は同居していました。入院中、友人という男性がよく見舞いに訪れ、外出時などはよく付き添っていて、子どもとも疎遠という感じではありませんでした。亡くなる直前にわかったことですが、その男性は離婚調停中の夫でした。

Aさんは大腸がんで卵巣、肝臓に転移し、入院したときはがん性腹膜炎を起こしており、腹水も溜まっていました。主な苦痛症状としては倦怠感を訴えていましたが、コントロールはできており、外出して本人の両親を見舞うことができました。その後、倦怠感が増強し、十分な睡眠もとれず、主治医より二人の子どもに対して鎮静の説明がありましたが、特に拒否的な様子はなく、病状を受け止めていたように見えたということです。本人への説明はありませんでした。

入院から二週間後、強い倦怠感と併せて痛みが出現し、パニック状態になった本人からは、「もう耐えられない」、「死にたい」、「なんとかして欲しい」という訴えが続きました。その時点で主治医から本人に、「薬剤では取りきれない痛みがある時は眠るという方法があるので、希望されるときはいつでも言ってください」と説明がありました。

結果的には少しの時間でしたが、「終わりにして欲しい」と願うほどの苦しみから解放される「間欠的鎮静」を行っていました。しかし、覚醒時に「もうしんどい、なんで起こすのか」という訴えがあり、持続的鎮静を行うことになりました。その際、付き添っていた長女には、「今後、深い眠りに入りますから会話はできなくなる」旨が伝えられました。

しかし、家族間で「持続的」、「深い」という鎮静に対する認識は異なり、いつもそばで付き添って母親の苦痛の訴えを目の当たりにしている長女は、「これほど苦しむなら、もう寝かせて欲しい」と承諾しましたが、遠方にいてあまり母親を見舞っていない長男は、まだ外出したり、会話をしたりしていた母親の姿しか知らないので、「できれば使いたくない、もう少し起きておいて欲しい」と鎮静に対しては否定的でした。

その後、長女から説明を受けて駆けつけた長男は、母親の苦痛を見て、「どうしてもっと早く教えてくれなかったのか」と長女に詰めよる場面も見られましたが、結局、兄妹で話し合って持続的鎮静を了承しました。夕方、暗いロビーで、長い時間、二人で話し合っている姿が印象的でした。

ところが、持続的鎮静に入ったころ、友人と名乗る男性が病院に怒鳴りこんできました。スタッフは、そのときはじめてその男性が（離婚調停中の）配偶者であることがわかったのですが、本人からは「家族は子ども二人」と聞いていたので、配偶者は実際に医師からの病状説明を聴く立場になく、意思決定は子ども二人に一任されていました。

その配偶者は、鎮静を「安楽死」ととらえており、ロビーで「お前たちは母親を殺すのか」と大声で子どもたち二人をののしり、暴力を振るうということがありました。また、退院後、「安楽死を認めている」と警察に通報するということもありました。

ちょっと極端な例ですが、この例を通して考えたいことは、鎮静についての一般的理解がまだ充分ではないということです。そのため「安楽死」ととらえる社会的偏見がまだ根強くあることを医療者は充分認識しておかなければならないということでした。

もう一つの問題は、どこまでが「家族」かということです。血縁関係か、法的関係かということですが、本人からは「友人」と説明されていた配偶者も、離婚調停中とはいえ、法的にはまだ〈家族〉だった訳です。私たちが、「ファミリー・リビングウィル」と名付けたのは、そうしたことも考えて欲しかったからです。

がんと共に生きる

がんの治療方法はインフォームド・コンセントで自分の希望を伝えることができますが、医療者の説明（告知）しだいで、患者に非現実的な期待をもたせてしまうことも考えられます。(6) そうなると、実際の病状と患者の理解とがかけ離れて、患者にとって「がんと共に生きる」ことが難しくなってしまうこともあります。

医療者に一番避けて欲しいことは、治療をするか、しないかという二者択一を迫ることです。治療をしないことも、意味のある選択肢として挙げて欲しいということです。ただし、その場合は、治療をしないことでこれからどのような状態になるのかも、しっかりと伝えて欲しいと思います。それは抗がん剤の治療をする場合や、放射線の治療をする場合に副作用のことを説明するのと同様です。

それらは医療者側の説明責任の問題でもありますが、患者側も「いやなことは聞きたくない」という態度を示してしまうことや、ぎりぎりまで抗がん剤に依存してしまうこともあり、そのため、医療者が説明の時期を逸してしまうこともあります。また、家族も「本人には知らせたくない」という場合や「最後までがんばって治療をして欲しい」と願うこともあるでしょう。もちろん、真実を知ることは患者の権利でもありますが、〈知らないこと〉も権利として認められています。でも、逃げないで主治医の説明をよく聞くことは大切です。しっかり聞いて、わからないことはしっかり質問すること、そのいずれも患者の責任といってよいのではないでしょうか。それが対話[7]をするということだと思います。

私は緩和ケア病棟で患者さんのお話を聴くことがあります。私は専門のセラピストではありませんので、傾聴しかできませんが、患者さん自身が「今」を受容して、少しずつ時間をかけて気持ちの整理をして、自ら「こたえ」を出していけるような関わりができればよいと思います。これは、「はじめに」で書きましたように、「正解のないことに自分で『こたえ』を出す」という哲学を原点としています。

予後が週単位か月単位と予想される患者さんが、自分の予後について年単位で話される場合は、医療者としてはなかなか事実が話せないということがあります。しかし、そうした患者さんの中には、これまできちんと告知をされてこなかったのではないか、そのために医療者に不信感を抱いているのではないかと思われる方がいます。だとしたら、またここでも不信感を抱かせるということは避けたいと思います。

ただ、真実を告げるということが難しいのも事実です。患者さんにとってはつらいことでしょう。でも、自分なら本当のことを話して欲しいし、患者さんにはきちんと自分の病気に向き合って欲しいと思います。医療者も患者も、真実から逃げずに病気を受け止めることが大切なのではないかと思うからです。

家族の立場としては、「はじめに」にも書きましたが、私自身、母のがんの再発は、「五年生存率」を誤解していたこともあり、とてもつらいものでした。でも、真摯に兄に説明してくださった当時の主治医や、私が悲しむことがわかっても「本当のこと」を伝えてくれた兄に今は感謝しています。

母を見舞ったのは、最初に母が入院してすぐでした。「子どもが冬休みに入ったら、また連れてくるね」が最後に母に言った言葉でした。もし、本当のことを知らなかったら、夫に幼い子どもを託して、母を看取るために駆けつけることはなく、臨終に立ち合えなかったし、母と兄と私との最後の水入らずの時間もなかったでしょう。

以下は、母の意識がなくなってから、兄と二人で母を看取るまでの記録です。父のときは、リビングウィルと言えるものはありませんでしたが、母のときは、兄との語らいが母のリビングウィルを確認する作業だったように思います。私はそのときは、母の死を受け止めるだけで精一杯で、今思い返してみてもよく覚えていません。

深夜の付き添い担当だった私は、暗い廊下の奥に点滅するクリスマスツリーのイルミネーションと、食事のために外出した時に耳にしたクリスマスソングくらいしか覚えていません。母はなぜかクリスマスが好きな人で、「赤鼻のトナカイ」が特に好きでした。

疲れたとき、温かい飲み物を淹れてくれ、何も言わずそばに寄り添ってくれるだれかの温もりを求めていたことは、おそらく、私が後にホスピスのボランティアをする契機のひとつになったのかもしれません。

「Kへの手紙」は、兄が母のベッドサイドで、親友Kさん（特に母のお気に入りの友人）に書いた私信です。でも、単なる私信ではなく、私たち兄妹の母の看取りの記録です。Kさんが後に『ギャザー』という同人誌に掲載してくれました。

この「手紙」を通して、私はそのときの四日間を思い出すことができました。でも、それらを私の言葉で追体験をしたところで、あの時、あの場の「看取り」の臨場感は再現できないでしょう。それ以上に、これを超えるものは私には一生書けないと思っています。

オリジナルの文字量はこの倍近くありますが、紙面の都合から、兄の独白部分は削除して、母の様子を記した箇所だけ残し、半分近くに編集しました。

「Kへの手紙」は、私にとって、母からの「忘れられない贈りもの」です。

Kへの手紙

西川　健

筆無精の僕から突然手紙を受け取るのは、さぞや驚きでしょう。

先ずは当方の状況から説明します。

実は、母がもう時間の問題で、この手紙は病院の母のベッドのそばで書いているのです。妹も一緒です。

現在十二月十二日午後十時四〇分、これから長い夜を迎えようとしています。

母と妹と三人で一つ部屋に居るというのは、本当に久し振りで、おそらくは、二十年振りくらいではないでしょうか。

思えば父が亡くなって、母と妹が大安寺のアパートで（このアパートには確か君も訪れたことがあります）再出発して以来、親子三人水入らずで長時間過ごすのは初めてであるような気がします。

今、母は、安らかな寝息をたてており、まるでコタツに入ったままうたたねをしている様に思われます。

今日の午前中くらいまでは、こちらの呼びかけに対し反応（らしき？）はあったのですが、今は大声で呼んでも、髪の毛をさすったりしても、これという反応は無く、母が我々がそばに居ることは分かっているのではないかという願望を持って観察すれば、何となくそんな気がしないでもないという程度です。

僕は、母が逝く時には、必ずこの事だけは言おうとかねてから思っていたことは、既に数時間前に言ってしまったし、妹も今更改めて言うことも無く、常日頃の母との会話で全て言い尽くし、聞き尽くしてしまったそうなので、二人の結論は、母の眠りを妨げないようにしようということになり、親しい人間の死に臨んでの愁嘆場はしばらくお預けというところです。

母が入院したのは十一月二十八日で、その時には一～二週間で退院できるものと思っていたのですが、アレヨアレヨという間に今に至ってしまいました。母の容態が悪化していく過程は、すなわち僕の中で母の死というものを受容してゆく過程でもありました。

これは決して斬られるような鋭い痛みというようなものではなく、大声で泣かねばどうにもならぬといった類の悲しさでもなく、何と表現すれば良いのか、ただひたすら寂しいのです。

盛者必滅、会者定離というのは世のならいであり、母を失う悲しみは世間ではきわめてありふれた苦悩であり、言うなれば町内会の当番の順番が廻って来たようなものなのでしょうが、自分だけはお目こぼしをしてもらう訳にはゆかなかったという事実はやはり腹立たしく、そして母を失うことになるということが確定してしまうと、むやみやたらに寂しいのです。

こうして君に手紙を書いている間には、色々なことが起こっており、看護婦さんが定期的に見廻りに来て、母の脈をとったり、妹と僕でニーチェの話、哲学の話をしたり、二人で母の思い出を語ってみたりで、文章を書き続けているという訳ではなく、事実、今は朝の四時三〇分になっています。こうしている間にも、母の呼吸は、着実に死を感じさせるようになってきており、妹と僕の関心事は、ここに至っては、母が苦しみを感じなくなっている筈だ、ということを如何にして信じることができるか、というこの一点にしぼられています。

この確証を得たいがばかりに、先程から二人で何度、同じことを互いに問い合ったことでしょう。すなわち、「意識が無いということは、苦しみからも自由になっている筈だ」ということを。

君に手紙を書こうと思うに至った動機は、一言で説明できるものではありませんが、ひとつには、且てある時期そうであったように、書くということが唯一の救済であるという状況に置かれているということ、また、今僕はむしょうに母と話したいという衝動に苦しんでいるのですが、眼の前の母はもうその対象ではなく、もし僕が一方的に、自分の自己満足の為に母をゆすって話しかけた場合、おそらく母の苦痛を増加させるだけと思われるのです。

母の顔には死相があらわれており、また舌がのどの奥の方に引っ込み始めています。

僕は今、この時ほど〈神〉を持たぬ身を無念に思うことはありません。もし、僕に信ずべき〈神〉さえ居れば、僕は「その時」まで、ひたすら祈りつづけることで、少なくとも母の為に何かPOSITIVEなことができたでしょうに。僕は、母の為に何かをしたいのですが、もう手持ちのカードは残っていないのです。母の為に人知れず涙を流したり、母の名を呼んでみたり、その手のことはこの一週間でとっくにやり尽くしてしまった訳です。

母の意識がはっきりしている時には、母に真実を告げるのはやはり残酷だということで、世間なみに臭い芝居をして母をだましていたので、その気になって話をすることができませんでした。

勿論、今でもこの方法は「正解」であったと思っていますが。

結局自分は何を母に話したかったのか、ということを何度も反芻した訳ですが、どうやら、それは、「母の人生は充分に意味があるものであった。自分はその母から与えられたものを必ず継承してゆく」、ということに尽きるのではないかと思うのです。

しかしもうその機会はありません。

今、妹も僕も妙にリアリストになってしまいました。

苦しんでいる母を見続けていると、リアリストになるしかありません。即ち一刻も早く、母に安息がおとずれるということだけを望むようになってしまうのです。これ以外は全てマンガです。

従って母の耳元で長々と決意表明を行うようなセンチな感情は、当面出番ナシ、ということになってしまいます。

本日十二月十三日午後七時二〇分。母が意識不明の状態に陥って丸一日以上経過したことになります。僕は、朝の七時に病院から自宅に戻り、十四時〇〇分くらいまで眠り、子ども達が学校から帰って来るのを見届けてから妹と交替する形で、再び母の枕元に座っているのです。

担当医はH先生と言い、若く、心優しい先生です。

母の処置方法について一昨日の段階でH先生と話し合い、「延命処置は取らないで欲しい。医者のモラルの枠内で出来るだけ早く苦しみから解放してやって欲しい」という僕の希望に理解を示してくれ、先程も、ここ一両日中のことだと思うが、もし呼吸停止、心臓の停止がおきた場合、蘇生の処置は、行わないということでよろしいですね、という確認に来られ、その線でお願いします、と答えたばかりです。

時として、このようなことに極めて事務的に対応できる自分に驚いてしまいますが、一方、二十年間もビジネスの世界で無駄メシを食って来た訳ではなく、愛情と事実の認識を混乱させてしまう程のガキだと思うなよコノヤロー、という声が母を「もの」として扱っている傾向があるのではないかという古典的な内なる声に反撃し、僕自身もそうだそうだと思っています。

そうです。今や母は物体にしか過ぎないのです。ただひたすら呼吸をしようとしている物体です。

母の肉体は、何かに占領されてしまっている。母の精神は既に死んでいる、

或は、もうあちら側へ行くつもりで、「OKよ」などと言っている。何が占領しているのか？要するに税務署のようなものにです。未払いの地方住民税を払うようにといった感じで母は、呼吸を強いられています。

おそらくこちら側の地方住民税の支払いの為に母の肉体はこれから何時間も何日も苦悶を余儀なくされるのでしょう。

Kよ、今僕は不思議にゆったりした気持ちに快く沈んでいます。母と二人きりで居るということがおそらくその原因でしょう。

母とは精神の交流が出来なくなってしまいましたが、その代わり、精神の接触に付随する何となく気まずいという感じもありません。

この一週間は、特に母のことだけを考えていました。その間ただひたすら悲しく、寂しく、人なみに隠れて泣きもしました。その挙げ句、どうにもならないということが分かり、今のゆったりとした気持が訪れたのです。

大袈裟に言えば、僕は或る種の運命を受容したことから来る心の平静さを体験しており、そばでは母が横たわっているという事実の方が重いのです。これから僕は、数時間母とともに居て、早く楽になって欲しいと念じ続けるでしょうが、その時が来るまでに、今のゆったりした気持ちの意味をもう少し考えてゆきたい。

僕が生まれた時、母はおそらく生まれたばかりの僕のソバに居て、眠ってばかりいる僕を見ていたことでしょう。

僕は何もしゃべれず、眼も見えず、ちょうど今の母と同じように、呼吸をするだけの物体だったことでしょう。母はおそらく何かを僕に語ったことでしょう。案外合理的でかつテレ屋でもある母ですから、所詮は未だ理解できぬ相手であるということで、心の中だけで僕に語ったかもしれない。

今、母の人生の最終段階では、眠っており、眼も見えず、何もしゃべれないのは母で、心の中だけでしきりに話し掛けているのが僕です。

僕が今感じている心の平穏は、四十年前僕が感じたであろう満ち足りた気持ちとは、全く性質が異なっている筈ですが、それぞれが人生の両極にある心の平穏ということかもしれません。

母は、僕をこちら側に呼び寄せた。今僕は母をあちら側へ見送ろうとしている。そのような時には何か安堵の気持ちが当事者をつつむものなのだろうか。

十二月十三日　二十一時二十五分

今看護婦が点滴の器具を持ち去った。いよいよ母の死は正式に認知され、地方住民税の支払いの残りも少なくなったのだと思う。あとは自力で頑張るだけ頑張ることだろう。

僕と妹の現時点での最大の関心事は、母の臨終のとき必ず立ち合いたいということです。というのも、死の直後、魂が肉体を離れて、上の方から自分の死体とそれをとりまく人々を眺めるということらしく、僕もこのことは信じているので、これは母に合図を送る最後のチャンスなのです。

とにかく、妹と僕は最後のワンチャンスに賭けるべく頑張っているのです。

肉体を離れた魂は、悲喜の感情は超えてしまっているようなので、やはり僕の送る合図は明るくいきたいな、と思っています。

母は器具に囲まれていて、酸素吸入装置、胆汁抜き出し用のチューブ、痰を取る器具などですが、その中の一つに血圧連続監視装置というものがあります。

一定の間隔で血圧を自動的に測定する訳ですが、今、ついに最高血圧が一〇〇を切り八六になりました。脈拍数は五四／分です。昨日は最高血圧が一〇〇〜一四〇くらいで推移していて、一〇〇レベルになったとき、病院から会社に電話がかかって来て、家族の者が付いていた方が良いというアドバイスがあった訳です。

脈拍数五四というのは、決して低くはなく、つまり心臓のポンプは相当の頻度で動いているのに、力が失くなったので最高血圧が低くなっているというのが僕自身の解釈である、これは心臓の衰弱を意味しているのではないか、ということは呼吸困難による死という僕が恐れている事態は避けられるのではないかと考え、測定結果を見る僕の目は、写真判定の結果を見る時の競馬狂のそれに比することが出来ましょう。

ひたすら下がれ下がれと思っているのですが、正直なところ下がっていない場合はホッとしてしまうのも事実です。

いつの頃からか、おそらく父の死のあたりから、母の存在は僕にとって絶対的な保護者という位相を失ってしまい、むしろ僕によって保護されなくてはならぬという存在に変化していったようです。

父の死の数年後、妹と僕を前にして母が言ったことは、要約すると、母性に加えて、父性をも自分は獲得したい、その両者でもって妹と僕を大きく包んでやりたいし、そうするつもりだ、ということだったのです。

僕は何だか、真剣にそう言っている母は、ピエロのように見えて、涙が出るくらいに嬉しいのであるが、やはりピエロだといった風な感情が湧いてきて、僕自身その感情を憎んだのですが、その為には先ずパン屋をやりたいなどと言う母に対し、「オイオイ」という気もしました。

どうもこの辺から、僕と母の位相が逆転してしまったようです。

結婚して同居するようになってからは、母の生き方の中心はただ一つ、「人の邪魔にならないように生きてゆく」ということで一貫していました。

こちらが白けるくらい、遠慮ばかりしていた母でした。

僕には、幼い頃母が原爆の後遺症で入退院を繰り返していた為、遠くの親戚で育てられたという体験があり、そのせいかマザコンの傾向がありました。世間一般で言うマザコンとは少し違っていて、何か物事が母に行きつくと、常軌を逸してしまうところがあるといった意味です。

そしてこの原体験とそこから生じた三つ子の魂としてのマザコンは僕が意識していないにせよ、今の歳まで残っている筈です。

言うなれば、潜んでしまったこのマザコン的なものが、母の死に臨み、或いはそれ以降どのような形で現れてくるのか、ということが現在唯一の計算不可能要因として残っているような気がします。

それは、僕はあくまでも自分が保護してきた存在である母の最後を見届けようとしているという了解であるけれども、実はそうでもなく僕の意識していないところでの、本当は僕が生きてゆく上での KEY CODE であったような存在を失おうとしているのであるが、そのことに僕は全く気付いていないといったような感じのものです。

母なるものに支配され続けるという構造を乗り越えたと思っているが、実はそれは母の存在そのものが、僕にそうではなかったことを気付かせなかっただけで長い間僕の内での不発弾でありつづけたものの、母の死が起爆装置を外してしまうのではないかということ。

今でこそ、ゆったりとした気持ちなどと言っているが、実は将来のどこかの時点で喪失感の時限爆弾が爆発したときに、本当の母の死が僕に訪れて、僕は破壊されてしまうのではないか。

遠藤周作の「母なるもの」は痛みと悔恨がベクトルを決定しているが、母と僕との関係に於ては、痛みも悔恨も無いのです。母の僕に対する絶対的な支持というものは実感するが、母が絶対的な救済者であるという位相を示そうとした瞬間、待ってよ、冗談じゃないよ、といった風になってしまうといった屈折したところに母と僕の関係があるのでしょう。

現在、十二月十四日　午後一時二十五分

この手紙はそのまま母の棺に入れて焼いてしまおうかと今朝思ったが、書き続けることが母への供養だとも思われるし、何よりも自分自身に対する救済でもあるので君にはもう少しつきあってもらおう。

今日は朝から葬式の段取りで大忙しででした。

母は一応はクリスチャンなので、母がかつて属していた、日本キリスト教団の牧師さんを近場で探すところから一日が始まりました。

現在、十二月十四日　午後五時五分

篭城体制に入ってから三日目に突入しました。

妹と二人で、ひとしきり母の思い出話に花を咲かせていると、案外それぞれが知らなかったエピソードなどもあり、母の思い出の編集作業というところです。

母に早く楽になってもらいたいというここ数日の痛切な思いも、所詮は残されるものの感傷であったかと思える程、今は平穏な気持ちです。

妹との会話にもしめっぽさは無く、母の家に集まった時の食後のひとときの談笑といった風です。母の合いづちが無いのが残念といえば残念ですが、その現実にも慣れてゆき、どちらかが「合いづちがあればねえ」などと言い出した場合、あっイエローカードという雰囲気で、従って我々二人ともある種の黙契の上に成立している快活さとともにあります。

流石に妹と母は女どうしということもあり、お互いよく話しており、情報の供給力という点では圧倒的に妹の方が優位に立っています。母の後半の人生のところどころに沈着しているのは、つまりは相棒に先立たれたWIDOWの寂しさのようなもので、これは息子、娘、孫達がいくら力を尽くしても埋め切れることは出来なかったでしょう。

母が楽しい思い出を語ったときの決まり文句は、「あの頃はお父ちゃんもまだ元気だったからねえ……」というもので、妹の話にこの決まり文句は数多く登場しました。そういえば十日ほど前、まだ母が話すことが出来るときにふと僕に言ったのは、「夫婦は年をとってからが夫婦だからねえ〜」というもので、その言葉の裏にあった母の寂しさ、年をとってから一人で生きてゆかねばならなかった寂しさが何となく理解で来ます。

妹と僕にとって、看護婦が母の痰及び胃からの吐出物を取り除く作業の時ほどつらい時間はなく、殆ど眼をそむけています。母の肉体はそれに対し全身で苦痛を表現し、閉じている眼も開かれます。母が眼を開いたときの顔は、通常の死相をおびた母ではなく、まぎれもなく昔の母の顔なので、つい懐かしくなってのぞき込んでしまうのです。眼も何となく僕を見ているようなのですが、勿論、実際は何も見えてない筈です。

母が呼吸を停止したとき、即ち現在の生けるしかばねから完全な物体になってしまったとき、或いは、火葬されて骨になってしまったとき、この二つのプロセスは、母の死ということの認め印を二つ押すということでしょうが、この時のショックに耐えられるかどうかというのが不安材料です。母の苦しそうな息使いは、見方によっては母の生存を強く証明している訳で、母の生存という条件下でいくら気持の整理がついたところで、それは所詮は前座試合のようなものであり、母の非在という条件の中でも通用するのかどうか疑問です。

母の呼吸がまた一段とすさまじくなってきた。本当に息を吸うことに全身全霊をかたむけている感じで、見ている僕達にとっては、いつ止まっても不思議ではないのだが、一方では腕立て伏せをしている人間を応援しているような気持になる。あとひとつ、あとひとつ……と。

現在、午後七時〇〇分。妹は備え付けのベッドで熟睡している様子です。

連続監視装置に表示される母の血圧はある周期で高くなったり低くなったりするのですが、僕の気分もそれに似て、一定の周期で高／低をくり返しているのです。

やはりどうしても夜はLOWで、突風のような悲しみが襲って来ます。

大学三年の時、野尻湖畔に一泊したことがあり、一晩中繰り返される波の音とともに過ごしたのですが、長い期間を経てその時を思い返すとき、個々の記憶はうすれてしまっていますが、不思議なことにあの打ち寄せつづける波の音だけは、ORIGINALなものよりも増幅されて、今でも耳の底に残っています。

今の母のいまわのきわの息使いが、丁度あの波の音のようにこの病室六一八号室の記憶として残るような気がします。僕は今では父の声を忘れてしまい、母の声も、おそらくはテープにとっておかなかった為、やがては忘れてしまうでしょうが、臨終近くのこの規則正しい息使いは忘れないような気がします。

ビートルズのアビーロードというLPのA面の最後だったと思うが、「I Want You」という曲があり、曲の最後でくり返しくり返し同じメロディーが流れ、突然にそのメロディーが途切れるという形でその曲が終ってしまうのですが、母の最後も、この息使いが同様に突然途切れる形であって欲しいと思います。少なくとも僕がそばで起きている間に。

僕の悲しみは、それこそ世の中の大部分の人が経験してきたことである。

僕の周囲には、母を亡くした人が沢山居るが、その人達は少なくとも僕の眼からは今では普通に暮らしており、母親を失った痛手というものは全く感じさせない。このことは次の二つを教えてくれる。
(1) 僕もすぐにこの痛手から立ち直るであろうということ。
(2) この次に母を亡くした人に出会った時、僕はその人の気持が全て理解できるだろうということ。

現在、十二月十五日　午後十二時二十五分。

妹は、風呂及び仮眠の為に我が家に戻っています。

母は、今横を向いており、ベッド・サイドに座っている僕とお見合いの形になっています。


眼を開いているので、僕には母がじっと凝視しているように思われます。


自分でも驚いているのですが、僕は母と二人きりで向かい合っているこの時間が決して嫌いではなく、深夜の時間帯を担当している妹も、おそらく同じような心境にあるのではないかと推測されます。

高校の時に読んだ堀辰雄の『風立ちぬ』での後半部分で、節子の死んだあと、作者が死者とともに生きている、といった風な展開があり、その当時はおろか、その後もずっと『風立ちぬ』を思うとき、この箇所が思い起こされ、いつも違和感を覚え、従って、あんなものは嘘っぱちだという判定を下し、『風立ちぬ』は青春期のセンチメンタリズムによってしか評価され得ないというラベルをはって、心の書棚にしまってあったのですが、今、何故かふと、『風立ちぬ』のこの箇所を思い起こしました。

あれは少なくとも嘘っぱちではなかった、と思われます。

生者と死者の綱引きを想定した場合、死者をこちら側に引っぱり込んでしまうと、あの類の心境は嘘っぱちの性格を帯びてしまうでしょうが、こちらが死者の方へ引っぱり込まれてしまった場合、リアリティーが与えられるのではないでしょうか。

この六一八号室は言うなれば、あちら側に属している訳ですから、(母はあちら側の正式招待客で、僕は入り口までのつきそい人のようなものか) 堀辰雄の体験の疑似体験というアトラクションもサービスの一環としてあるのかも知れない。

十二月十五日　十五時三〇分

母の最高血圧が八〇にまで低下した。脈拍は四〇。

妹に連絡しようかとも思うが、おそらくは熟睡中であろうから可哀想な気がする。僕一人だけ抜けがけ的に母の臨終に立ち合うのは妹には気の毒であるが、起こすのは止めにする。母の頑張りに賭けるしか無いであろう。

それにきっと妹は泣くであろうから、それを見たくない。僕なら三十秒間だけで済ましてみせる。

僕は今、妙に戦闘的になっている自分を感じます。母の死を受容出来そうだとか、出来ないとか、さんざん騒いだ挙げ句、結局振り出しに戻ったように、悲しさに屈服している自分が腹立たしいのでしょう。

極限まで疲れ果て、その瞬間、「ああやっと済んだ。これで眠れる。」とすぐさまイビキをかいてしまうというのが、悲しみを乗り越えるのに最も有効であるような気がします。

現在、十六時二十五分。何度目かの夜が訪れようとしています。

今の僕にとって夜の訪れはすなわち死者とともに在る時間の到来を意味します。あたりが暗くなるにつれて僕の一人言の頻度が高まります。これはすべて母に語りかけているのですが、気がつくと一人言を言っていたという状態が多くなってきました。

昼間は、六一八号の扉で生と死との領域が明瞭に区別され、外に出た時は、死者とともにある衣服をぬぎ捨て、平服に着替えているようなところがあるのですが、夕暮れになるとパジャマのまま外出しているようなもので、六一八号を着たまま外でウロウロしています。

夜は死をポータブルなものにする手助けをするようです。

無意識のうちに一人言を言っているうちはともかく、一人言を言っている自分を発見してからも、そのまま続けてしまうことがあります。

これは何とも快いものなのです。

母と長い間一緒に居ることによって、反応の無い対象に話しかける術を学んだ訳ですが、これは、将来の死者に語りかける資格に対しての仮免許のようなもので、ちょうど仮免許で路上に出たときのような気持なのです。六一八号に封じ込められている「死」がポータブルになったからこそ、路上運転が可能になったとでも言えましょうか。

このようなことで、夜は不思議に落ちつく訳です。

但し、将来は、僕は再び生活者に戻り、生の側に立ってしまうことが分かり切っていますので、本チャンの免許は望むべくもなく、あくまでも仮免での運転体験に留まるということになるのでしょう。

母の娘時代のニックネームの一つは「頑張り屋の康ちゃん」であった。

確かに母の最後の頑張りは、そのニックネームに恥じぬものです。

見ている僕の気持は複雑で、ちょうど或る人に、あなたの趣味は何ですかと尋ねた時、その人が、私の趣味は頑張ることですと答えた場合に感じるであろう当惑です。頑張るということは手段であって目的ではないのではないですか、と言いつつも、そのあまりにもユニークな思い入れに圧倒されてしまうような、そんな当惑を覚えます。

こうなれば母の最後の頑張りを応援することにします。

とり敢えず、妹が来るであろう二時頃までを目標とします。

母は薄目を開いて僕の方を見ている訳で、母の網膜には何の像も結ばないことは分かっていますが、それでも母に見つめてもらっているという感じはあります。このように長い間お互いに見つめ合っても気恥しくないのは、おそらく住んでいる世界がもう別になってしまっているからでしょう。

僕は馬鹿の一つ覚えのように、頑張れ頑張れと言っています。

現在、十三時三〇分。

我ながら長々と手紙を書いているものだと思う。

或る家があり、ドアはひとつと想定しよう。

僕はそのドアを開く鍵を持ってなくて、裏手に廻ったり、木に登って窓ガラスを破ろうとしてみたり、煙突から入ろうと試み、地下室への入り口も探してみた。

しかし未だに家の中に入れないでいる。

この手紙は言うなればそういうことだ。

鍵を持っていたら話は簡単であったろう。

もし僕が祈るべき神に所有されていたら、この手紙は君のもとへ届かなかったと思う。「だって、しょうが無いじゃない」という歌謡曲のセリフではないが、母にあったかも知れぬものが、僕には無いのだから。

この病院に入った当初は確かに母は治って退院するつもりでいた。

「お正月までに出られたら、さしみが食べたい。甘エビが特に食べたい」と言っていた。

母が本当の事を知ったのは何時なのだろうか。

自力で部屋に備え付けのトイレに行けなくなったあたりだろうか。

そうだとすると、僕が母と最後に話をすることが出来た時には、母は気付いていたのだろうか。その割に、母の最後の言葉はつれないと思う。

「忙しいのに、度々来なくてもいいのよ」


ここ十年くらい、僕の人生はそれなりに順調で、実は充実しすぎて恐いくらいだったのです。あまりにも幸福すぎて、鶴見駅から自宅へ歩いて帰る途中などに、このままである筈が無い、何か大きな不幸が突然襲って来るのではないか、という不安を時たま感じたものです。

想像上の不幸とは、妻や子どもたちの不慮の死であったり、僕自身の病気のことだったりしたのですが、翌日になるとこの不安はたちまちのうちに消失し、また幸せな生活の中に入って行きました。しかし一定の時間がたつと、この不安が襲って来て、あまりにも人生のバランスが幸福サイドにかたより過ぎている、この反動は大きいに違いないと、正体不明の不幸がやがて僕を打ちのめすのではないかという、確信に近い予感にまでなってしまいました。

もしかするとこのバランスの負の部分を母が肩代わりしていてくれたのではないか、ということに突然気がつきました。

母曰く、母の人生は何か良いことがあって、さてこれからという時になると、いつも予期せぬことがらが起きて邪魔されてしまうということの繰り返しであると、本人が妹に語ったそうで、例えば楽しみにしていたイギリス行きの直前に乳がんを発見するなどのことです。

今回の母の突然の死は、僕の人生のバランスを幸福サイドに保つ為の肩代わりではないか、とふと思いました。ベッドのそばに座り、母と向い合って、母に、これまでの母との出来事を語りつづけていた訳ですが(仮免許を行使して)、その時ふとこの可能性に思い至ったのです、

これは母の死に意味を付与したいという僕の潜在意識が苦し紛れに織りなした結論なのかも知れぬが、僕はそのことを、ひいては今の母の苦しみの持つ意味を信じたい。

母の最後の苦しみが長ければ長い程、僕の人生の振り子が幸福サイドにある期間が長くなるということで、母はひたすら頑張っているに違いない。そうでなければ看護婦も見たことがないという、この母の頑張りを解釈できない。

僕の理性のある部分はこれを妄想と言っています。

しかし僕はこのことに賭けたいと思います。

僕は祈ることは出来ぬのですが、母の苦しみに感謝し続けたい。

母が息を引き取るまで、感謝しつつ、母の最後の贈りものを見続けたい。

十二月十五日　二〇時

虫の息という表現は上手く出来ています。

母の息使いは、耳をすまさなければ聴こえなくなりました。

呼吸の合間に細いヒーという笛の音のようなものがまじるようになりました。

十二月十六日　朝　三時〇五分
母は二時三〇分に息を引き取った。
僕は結局母の臨終に立ち合えなかった。

妹に電話で起こされたのが二時二〇分。タクシーで妻と病院に駆けつけたが、間に合わなかった。

病院着　二時五〇分。

部屋の天井のどこかに居る筈の母の魂に手を振って合図した。

母の魂がまだ部屋にいることを信じたい。


タクシーで病院から家に戻る時、家で風呂に入り床につくまで、僕の身体の中の気力の芯のようなものが全部抜け落ちてしまったような不思議な体験をした。帰るまで僕は一人言ばかり言っていた。

あれは母の合図だったのかもしれない。

母の魂が抜けてゆくのを僕が体験したのかも知れない。


おかあさん、おかあさん、おかあさん　合掌。

おわりに・・いのちをつなぐ

最近では様々なエンディングノートが販売され、リビングウィル勉強会に参加される方の九割近くが、エンディングノートを「知っている」と答えられ、そのうち「書いている」という方も半数以上はおられます。それに比べ、リビングウィルはまだまだ認知度が低いように思います。それでも、初めてリビングウィル勉強会を始めた二〇〇七年ごろに比べると、ようやく「名前だけは知っている」、「関心がある」という人が増えてきました。しかし、エンディングノートを書いているという方にお話を聞いてみると、遺言（死後のこと）に関しては多くの方が書いているようですが、生前の意思を記すリビングウィル（事前指示書）に関しては、たいていの人が書いていない、書いていても「延命を希望しません」という項目にチェックしているだけというような状況です。

確かに、「リビングウィルを書きましょう」と言われても、何をどう書いてよいのかわからないという方は多いようです。逆に医療者側からすると、「延命治療を希望しません」とだけ書かれても、何をどう希望しないのかわからないので困るということになります。

そこで、少なくとも今の自分の希望すること、希望しないことを書いてみようと、リビングウィルの作成に取りかかりました。書いていくうちに、書式のようなものがあると書き易いのではないかと気づき、二〇〇八年くらいから書式の作成に取りかかりました。

この作業は思った以上に大変でした。いやしくも人の生き死にに関わることを、書式のような一定の型にはめ込むことができるのかという問題です。それはリビングウィルの法制化の孕《はら》む問題でもあります。そのような葛藤の中、とにかく〈形〉にして、実際に勉強会などで使っていただこうと、二〇一一年に試作版を出すことにしました。そこに至るまでに修正に修正を重ね、二十七版目でようやく試作版をまとめることができました。この試作版をまとめるために浜渦辰二先生（「いつかくる死のことを考えておきたい」）、竹内慶至さん（名古屋外国語大学准教授）、桑原英之さん（大阪大学臨床哲学研究室ＯＢ）と、浜渦先生の研究室に集まってひと夏を費やしました。この夏のように猛暑真最中のことでした。

試作版では、老い支度教室やリビングウィル勉強会の参加者から貴重なご意見をいただき、それらを参考に、二〇一三年から二〇一四年にかけては、試作版の編集メンバーに加え、「病いの体験から」を寄稿いただいた松川絵里さんをはじめ大阪大学臨床哲学研究室の青木健太さんや、山口弘太郎さん、患者のウェル・リビングを考える会の岩切かおりさん（看護師）や米津みずえさん（社会福祉士）にも加わっていただき、二〇一四年版（修正版）が完成しました。最後の編集会議は九時間に及びましたが、今から思うと少なくとも私にとってはなつかしい思い出です。それ以上に本当に長期にわたり忍耐強く関わってくださった皆様に深く謝意を表したいと思います。

本書は、五年余にわたって作成した『ファミリー・リビングウィル～大切なあなたに伝えておきたいこと』の冊子に加えて、それ以前にホームページに掲載したリビングウィルの「1　病い編」と「2　老い編」とをまとめたものです。ですから、勉強会などで冊子を実際に手にしていただくと、より具体的にリビングウィルを書くお手伝いができるのではないかと考えます。これからも作成会を開いていきますので、お近くの方は是非ご参加ください。

私のリビングウィルは、まだ作成の途上にあります。ですから、実際に家族が私のリビングウィルを見ることは大分先のことになると思います。もしかしたら、そう遠くない将来のことかもしれませんが。ただ、私はまだ生きていますので、「リビングウィル」の最後「大切なあなたに伝えておきたいこと」（一二二ページ）は本書には書いていません。

＊＊

リビングウィルに書かれたことが実際にそのとおりになるかどうかはわかりませんが、自分の希望することを自分で決めたのですから、自分の決めたことは自分で責任をもちたいと思います。また、家族は言うまでもなく、医療者・介護者と対話をしながら作成していきたいと思います。それは奇しくも、私が会を設立したとき（二〇〇五年）の原点にあった〈患者の視点から医療を考える〉こと、〈患者と医療者とが協働して行う医療〉であったのです。ですから、[8]リビングウィルも患者の視点から考えることから始めました。

リビングウィルを作成することは私にとって自己決定の第一歩となりましたが、作成する過程で、様々なことに気づきました。例えば、リビングウィルは自分の希望を家族に託するだけではなく、インフォームド・コンセントやアドバンス・ケア・プランニング（ACP：Advance Care Planning）に臨むための準備だったということです。

ACPとは、医療者が、患者や家族の希望を聞きながら治療や療養の方針を決めていく、言うなれば医療者による患者・家族の意思決定支援のためのものと言われています。最近では、医療者向けのガイドラインづくりが検討されています。

しかし、ＡＣＰは医療者が患者を支援するためだけのものでしょうか。患者も主体的にＡＣＰに関わっていくのでなければ、共に医療に向き合うことにならないのではないでしょうか。両者の間にあるものは、他でもない、まさに私たち患者の「いのち」なのですから。医療者だけでなく、私たちも、家族と対話を重ねながら事前に自分のリビングウィルを作成してＡＣＰに臨み、自分の希望をしっかり伝えたいと思います。ですから、リビングウィルは、患者のためのＡＣＰのガイドラインとも言えるのではないでしょうか。

ただ、本文にも書きましたが、リビングウィルは生きるか死ぬかという意思決定だけでなく、家族や大切な人に自分の〈いのちのものがたり〉を伝えるものです。人間のいのちははかないものですが、たとえこの世の生を終えたとしても、私は私のいのちを我が子へとつなぎ、共に生きていきたいと思います。

看取るべき人を看取り、自分が逝く番になったときは、おかげさまで悔いのないよい人生だったこと、親孝行なやさしい子どもたちに恵まれたことに深く感謝して逝くことでしょう。

＊　＊

八月は母が原爆にあった月です。伯母の話によりますと、母は鉄砲町の自宅の瓦礫から這い出し、疎開先の可部へと向かいました。爆心地から六〇〇メートル内にいたにもかかわらず、外目からは無傷でしたので、途中出会った衛生兵さんから手伝いを求められ、被爆した人たちの介抱をして、その日は太田川の河原で夜を明かし、翌日横川駅にたどり着きました。

何が起こったかわからない国鉄（現ＪＲ）の職員からはお金がないからと列車に乗ることを拒否され、炎天下を歩いて疎開先に向かったそうです。途中、知人の家に立ち寄り、お金を借りることができたので列車に乗ることができ、やっとの思いで疎開先にたどり着いたとのことです。

それから何日か死線をさまよい、一度は「今日が峠」と医師から見放されたそうです。

被爆体験は一切語らない母でしたが、広島にいた伯母を訪ねたとき、平和公園のキョウチクトウの木を見て、何もかもなくなった瓦礫の町にキョウチクトウの花だけは咲いていたと。

乳がんの手術のあとの放射線の治療を母は拒み、「どうしていやなの?」と尋ねると、「放射線の洗礼はもう十分浴びたから」というのが母の答えでした。でも、結局、母は放射線の治療を受けました。治療が終って、病室のベッドから海を眺めながら、「生きていてよかった」と……。


八月八日は父が亡くなった日です。その日も、猛暑日でした。今もそうですが、私は子どものころから時間をつぶすことは苦痛ではなかったので、そんな私を父はよく俳句の会に連れていってくれました。春はたんぽぽとレンゲ、夏は蝉の声と風にそよぐ稲の葉、秋は稲刈りとカカシ、冬は木枯らしと落ち葉の中を俳句を作る父と歩き、四季折々の自然に触れることができました。

句会の最中、私は一人で空を眺めながらいろいろなことを考えていました。父とのつきあいは十七年でしたが、父からは自然の豊かさと考えることの愉しさを教えてもらいました。

＊　＊

分担執筆した『哲学カフェのつくり方』[9]にも書きましたが、「ファミリー・リビングウィル」の原点は、書評カフェで取り上げたスーザン・バーレイの絵本『わすれられないおくりもの』[10]でした。私はそこに登場するアナグマのように子ども達に何かを伝えてきたでしょうか。おそらく、それは子ども達が私の思い出を語り合う中で形になっていくことでしょう、兄と私のように。

人から見ると「大変な人生だったね」と言われることもありますが、確かに、大切な人との別れなどつらいことや悲しいことはありました。ただ、それはだれしも体験するありふれたことでしょう。社交的ですが非常に繊細な父と、人とのつきあいが不器用ですが脳天気な母の下に生まれ、どちらかというと母の気質を受け継いでいるのでしょうか、本人は人が見るほど大変な人生だとは感じてはおらず、むしろ幸せなよい人生だったと思っています。ですから、最期も「よい人生だった」と言って逝きたい、それが遺される子ども達への贈りものと、リビングウィルを書くことにしました。

死はそんなに忌み嫌うもの、苦しいばかりのものではありませんが、無条件に安楽な死というものもなく、だとしたら、自分の意に沿わない死や、必要以上に遺される家族がつらい思いをしないようにと思い、この本を書きました。

最後に、本書の出版にあたり、ご寄稿いただきました浜渦辰二先生をはじめ寄稿者の皆様、さらに本書出版のお話をいただき、編集にご尽力をいただいた木星舎の古野たづ子さん、本書を出版するにあたり背中を押していただき、いろいろとご支援いただいた神戸なごみの家の松本京子さんに謝辞を申し上げます。

八月　猛暑の神戸にて

藤本　啓子

付　録

リビングウィル（事前指示書）

もしも……
私の思いを伝えることができなくなったら

『リビングウィル』（事前指示書）

私は以下の場合に備えて、「希望すること、希望しないこと」を予めここに書いておきます。

● 私に**意識がなく**、自分の意思や希望を私の家族や親しい人たち、医療者や介護者に伝えることができなくなったとき
● 私の主治医、あるいはその他の医療者が、私の状態の**回復が極めて困難**であると判断したとき
● 死が近いうちに訪れると予想されるとき

(1) 私＿＿＿＿＿＿＿＿＿＿は、以下の代理人に、私の意思や希望を伝えてくれるようにお願いしています。

第一代理人 ＿＿＿＿＿＿＿＿＿＿ 第二代理人 ＿＿＿＿＿＿＿＿＿＿

(2) ここに書かれた内容は、私が健康な意識と判断能力があるときに、自分の意思で書いたものです。

(3) ここに書かれた内容は、代理人ならびに家族や親しい人たちと話し合って書いたものです。

(4) この書面が、私の許可なく第三者によって書かれたものでないことを証明するため、私は以下の方に証人になっていただきました。

証人 ＿＿＿＿＿＿＿＿＿＿

年　　月　　日

署名（自筆で）＿＿＿＿＿＿＿＿＿＿＿＿＿＿

代理人（自筆で）

第一代理人

氏名 ______________________ 連絡先 ______________________

住所

____

第二代理人

氏名 ______________________ 連絡先 ______________________

住所

____

証人（自筆で）

氏名 ______________________ 連絡先 ______________________

住所

____

かかりつけ医（通常は以下の医師に連絡して下さい）

施設名 ______________________

医師名 ______________________ 連絡先 ______________________

住所

____

救急時（通常は以下の医師に連絡して下さい）

施設名 ______________________

医師名 ______________________ 連絡先 ______________________

住所

____

1） 心肺停止のとき

1	病気や事故で心臓や呼吸が止まり、
2	私の主治医、あるいはその他の医療者が、私の状態の回復が極めて困難であると判断したとき
私の希望とその理由	

2） 呼吸不全を起こしたとき

1	呼吸不全を起こして、意識がなく、
2	薬剤投与や酸素投与などの初期治療をしても呼吸不全が改善せず、
3	私の主治医、あるいはその他の医療者が、私の状態の回復が極めて困難であると判断したとき
私の希望とその理由	

3） 脳死とされうる状態になったとき

1	脳の機能がすべて失われ、
2	人工呼吸器をつけなければ、呼吸ができず、
3	意識が回復する見込みがないとき
	□ 臓器提供を希望する　□ 臓器提供を希望しない
私の希望とその理由	

4） 植物状態になったとき

1	脳に障害を受け、植物状態と診断され、
2	意識が回復する可能性が極めて低くなったとき
私の希望とその理由	

5） 口から飲んだり食べたりすることができなくなったとき

1	老衰や病気などで意識がなくなり、
2	人工的に水分や栄養を取らなければ、生命が維持できず、
3	私の主治医、あるいはその他の医療者が、私の状態の回復が極めて困難であると判断したとき
私の希望とその理由	

6） 腎不全になったとき

1	人工透析をしなければ、生命維持が難しいが、
2	老衰や病気で全身状態が悪いため、人工透析によって余命は大きく変わらず、
3	意識がないため、自分の意思を伝えられないとき
私の希望とその理由	

7）がんになったとき

1	がんの末期状態で、
2	持続的な鎮静以外では取りきれない苦痛があり、
3	自分の意思を伝えることができないとき
私の希望とその理由	

8）その他に希望すること

大切なあなたに伝えておきたいこと

署名＿＿＿＿＿＿＿＿＿＿＿＿

［註］

(1) 人工呼吸器取り外しのガイドライン

人工呼吸器取り外しに関しては、日本救急医学会が 2007 年、救急医療に関し、要件がそろえば人工呼吸器の取り外しを容認する指針を作成しています。さらに、2014 年 6 月に、治療を尽くしても回復の見込みがなく、死期が迫った患者への対応に関し、日本救急医学会と日本集中治療医学会、日本循環器学会が、「救急・集中治療における終末期医療に関する提言（指針）」案を共同でまとめましたが、その中に人工呼吸器の取り外しも含まれています。

(2) 箕岡真子、稲葉一人編著『高齢者ケアにおける介護倫理』医歯薬出版株式会社、2015 年

(3) 終末期医療に関するガイドライン

臓器移植のための法的脳死判定が行われていない「脳死とされうる状態」で、果たして人工呼吸器をつけて治療を継続するのか、人工呼吸器を外すのか、栄養と水分の補給は続けるのか、止めるのか、といった終末期医療のあり方については、厚生労働省「終末期医療の決定プロセスに関するガイドライン」（2007 年 5 月）、日本救急医学会「救急医療における終末期医療に関する提言（ガイドライン）」（2007 年 11 月）、全日本病院協会「終末期医療に関するガイドライン－よりよい終末期を迎えるために」（2009 年 5 月）といったガイドラインに従って、患者自身の意思（推定意思も含め）、家族の意思、医療従事者の判断を踏まえて決定されることになります。

提言案によると、救急患者や集中治療室（ＩＣＵ）で高度な治療を受けている患者の終末期として、①不可逆的な全脳機能不全、②生命が人工的な装置に依存し、生命維持に必須な臓器の機能不全が不可逆的であり、移植などの代替手段もない、③その時点で行われている治療に加えて、さらに行うべき治療方法がなく、近いうちに死亡が予測される、などを挙げています。そして、複数の医師と看護師らで構成する医療チームが、本人のリビングウィルを確認し、それができないときは家族らの総意としての意思を確認して延命治療を中止するとしていますが、「薬物の過量投与や筋弛緩《しかん》薬投与などの手段で、死期を早めることはしない」と明記しています。

(4) 藤本啓子『胃瘻造設を巡って –TO PEG OR NOT TO PEG』2009 年 3 月、「医療・生命と倫理・社会」8 号、大阪大学大学院医学系研究科・医の倫理学教室（http://www.med.osaka-u.ac.jp/pub/eth/OJ_files/OJ8/fujimoto.pdf)

(5) 人工透析の不開始や中止といった透析の見合わせに関する日本透析医学会の提言
透析の不開始や中止といった透析の見合わせに関しては、2014 年 7 月に、日本透析医学会が「維持血液透析の開始と継続に関する意思決定のプロセスについての提言」を出し、その中で維持透析の「見合わせ」を検討する状態として以下を挙げています。

1　維持血液透析を安全に施行することが困難であり、患者の生命を著しく損なう危険性が高い場合

2　患者の全身状態が極めて不良であり、かつ「維持血液透析の見合わせ」に関して患者自身の意思を明示している場合、または、家族が患者の意思を推定できる場合

ただし、いったん透析を見合わせた後も、状況に応じて開始、再開できること、患者の意思を尊重したケア計画を策定すること、効果的な緩和ケアを提供し、全人的な苦痛（身体的、精神的、社会的、スピリチュアルな痛み）を緩和すること、家族に看取りおよび看取り後も含んだ精神的、社会的支援を実施することなどを盛り込んでいます。（http://www.jsdt.or.jp/jsdt/1637.html）

(6) ガイドブック『がんと共に生きる』は、2014 年、患者のウェル・リビングを考える会が冊子として作成、発行。

(7) 対話とは、会話でもディベートでもなく、ダイアローグ（ディアロゴス）、つまり言葉（ロゴス）を分け合うこと。単なる話し合いでも議論でもディベートでもなく、また、わいわいおしゃべりするというものでもない。つまり対話をするということは、お互いの差異を認め合い、問題の所在を明らかにしながら言葉を交わすこと。

(8) 藤本啓子「患者の視点からリビングウィルを考える」、2008 年 3 月、「医療・生命と倫理・社会」7 号、大阪大学大学院医学系研究科・医の倫理学教室（http://www.med.osaka-u.ac.jp/pub/eth/OJ_files/OJ7/9fujimoto.pdf）

(9) 鷲田清一監修、カフェフィロ編『哲学カフェのつくり方』、大阪大学出版会、2014 年

(10) スーザン・バーレイ著、小川 仁央訳『わすれられないおくりもの』、評論社、1986 年

参考文献

「患者のウェル・リビングを考える会」

〈http://www.geocities.jp/well_living_cafe/livingwill.html〉より

ファミリー・リビングウィル　その１　病いと向き合うために

ファミリー・リビングウィル　その２　老いと向き合うために

ファミリー・リビングウィル　その３　死と向き合うために

冊子『ファミリー・リビングウィル～大切なあなたに伝えておきたいこと』

〈寄　稿〉

「病いの体験から」　松川絵里（カフェフィロ）

「語らない高齢者」　佐藤伸彦（ものがたり診療所）

「住いの選択」　松本京子（神戸なごみの家）

「いつかやってくる死のことを考えておきたい」　浜渦辰二（大阪大学大学院教授）

「法的観点から見た「自己決定」」稲葉一人（中京大学法科大学院教授）

「Kへの手紙」　西川　健

藤本　啓子（fujimoto keiko）

患者のウェル・リビングを考える会　代表。神戸大学大学院博士課程（哲学）単位取得退学、専門は哲学・倫理学。現在、兵庫県立須磨友が丘高校（臨床哲学）非常勤講師、東神戸病院緩和ケア病棟ホスピス電話相談担当（非常勤）。ボランティア活動としては、自死遺族の集い「わかちあいの会・風舎」のサポートスタッフ

患者のウェル・リビングを考える会　www.geocities.jp/well_living_cafe

お問い合せ　e-mail:cafe_well_living@yahoo.co.jp（藤本　啓子）

いのちをつなぐ

ファミリー・リビングウィル

2016年9月23日　第1刷発行

著　者　藤本　啓子

発行者　古野たづ子

発行所　図書出版木星舎

〒814-0002　福岡市早良区西新7-1-58-207

tel 092-833-7140　fax 092-833-7141

印　刷　（有）青雲印刷

ISBN978-4-901483-88-9